Frege | Der Gedanke

Great Papers Philosophie

Gottlob Frege
Der Gedanke

Eine logische Untersuchung

Herausgegeben von Uwe Voigt

Reclam

RECLAMS UNIVERSAL-BIBLIOTHEK Nr. 14565
2024 Philipp Reclam jun. Verlag GmbH,
Siemensstraße 32, 71254 Ditzingen
Gestaltung: Cornelia Feyll, Friedrich Forssman
Druck und Bindung: Esser printSolutions GmbH,
Untere Sonnenstraße 5, 84030 Ergolding
Printed in Germany 2024

ISBN 978-3-15-014565-4

www.reclam.de

Der Gedanke. Eine logische Untersuchung

Wie das Wort »schön« der Ästhetik und »gut« der Ethik, so weist »wahr« der Logik die Richtung. Zwar haben alle Wissenschaften Wahrheit als Ziel; aber die Logik beschäftigt sich noch in ganz anderer Weise mit ihr. Sie verhält sich zur Wahrheit etwa so, wie die Physik zur Schwere oder zur Wärme. Wahrheiten zu entdecken, ist Aufgabe aller Wissenschaften; der Logik kommt es zu, die Gesetze des Wahrseins zu erkennen. Man gebraucht das Wort »Gesetz« in doppeltem Sinne. Wenn wir von Sittengesetzen und Staatsgesetzen sprechen, meinen wir Vorschriften, die befolgt werden sollen, mit denen das Geschehen nicht immer im Einklange steht. Die Naturgesetze sind das Allgemeine des Naturgeschehens, dem dieses immer gemäß ist. Mehr in diesem Sinne spreche ich von Gesetzen des Wahrseins. Freilich handelt es sich hierbei nicht um ein Geschehen, sondern um ein Sein. Aus den Gesetzen des Wahrseins ergeben sich nun Vorschriften für das Fürwahrhalten, das Denken, Urteilen, Schließen. Und so spricht man wohl auch von Denkgesetzen. Aber hierbei liegt die Gefahr nahe, Verschiedenes zu vermischen. Man versteht vielleicht das Wort »Denkgesetz« ähnlich wie »Naturgesetz« und meint dabei das Allgemeine im seelischen Geschehen des Denkens. Ein Denkgesetz in diesem Sinne wäre ein psychologisches Gesetz. Und so kann man zu der Meinung kommen, es handle sich in der Logik um den seelischen Vorgang des Denkens und um die psychologischen Gesetze, nach denen es geschieht. Aber damit wäre die Aufgabe der Logik verkannt; denn hierbei erhält die Wahrheit nicht die ihr gebührende Stellung. Der Irrtum, der Aberglaube hat ebenso seine Ursachen wie die richtige Erkenntnis. Das Fürwahrhalten des Falschen [59] und das Fürwahrhalten des Wahren kommen beide nach psychologischen Gesetzen zustande. Eine Ableitung aus diesen und eine Erklärung eines seelischen Vorganges, der in ein Fürwahrhalten ausläuft, kann nie einen Beweis dessen ersetzen, auf das sich dieses Fürwahrhalten bezieht. Können bei diesem seelischen Vorgange nicht auch logische Gesetze beteiligt gewesen sein? Ich will das nicht bestreiten; aber, wenn es sich um Wahrheit handelt, kann die Möglichkeit nicht genügen. Möglich, daß auch Nichtlogisches beteiligt gewesen ist und von der Wahrheit abgelenkt hat. Erst nachdem wir die Gesetze des Wahrseins erkannt haben, können wir das entscheiden; dann aber werden wir die Ableitung und Erklärung des seelischen Vorganges wahrscheinlich entbehren können, wenn es uns darauf ankommt zu entscheiden, ob das Fürwahrhalten, in das es ausläuft, gerechtfertigt ist. Um jedes Mißverständnis auszuschließen und die Grenze zwischen Psychologie und Logik nicht verwischen zu lassen, weise ich der Logik die Aufgabe zu, die Gesetze des Wahrseins zu finden, nicht die des Fürwahrhaltens oder Denkens. In den Gesetzen des Wahrseins wird die Bedeutung des Wortes »wahr« entwickelt.

Zunächst aber will ich ganz im Rohen die Umrisse dessen zu zeichnen versuchen, was ich in diesem Zusammenhange wahr nennen will. So mögen denn Gebrauchsweisen unseres Wortes abgelehnt werden, die abseits liegen. Es soll hier nicht in dem Sinne von »wahrhaftig« oder »wahrheitsliebend« gebraucht werden, noch auch so, wie es manchmal bei der Behandlung von Kunstfragen vorkommt, wenn z. B. von Wahrheit in der Kunst die Rede ist, wenn Wahrheit als Ziel der Kunst hingestellt wird, wenn von der Wahrheit eines Kunstwerkes oder von wahrer Empfindung gesprochen wird. Man setzt auch das Wort »wahr« einem andern Worte vor, um zu sagen, daß man dieses Wort in seinem eigentlichen, unverfälschten Sinne verstanden wissen wolle. Auch diese Gebrauchsweise liegt nicht auf dem hier verfolgten Wege; sondern gemeint ist die Wahrheit, deren Erkenntnis der Wissenschaft als Ziel gesetzt ist.

Das Wort »wahr« erscheint sprachlich als Eigenschaftswort. Dabei entsteht der Wunsch, das Gebiet enger abzugrenzen, auf dem die Wahrheit ausgesagt werden, wo überhaupt Wahrheit in Frage kommen könne. Man findet die Wahrheit ausgesagt von Bildern, Vorstellungen, Sätzen und Gedanken. Es fällt auf, daß hier sichtbare und hörbare Dinge zusammen mit Sachen vorkommen, die nicht mit den Sinnen wahrgenommen werden können. Das deutet darauf hin, daß Verschiebungen des Sinnes vorgekommen sind. In der Tat! Ist denn ein Bild als bloßes sichtbares, tastbares Ding eigentlich wahr? und ein Stein, ein Blatt ist nicht wahr? Offenbar würde man das Bild nicht wahr nennen, wenn nicht eine Absicht dabei wäre. Das Bild soll etwas darstellen. Auch die Vorstellung wird nicht an sich wahr genannt, sondern nur im Hinblick auf eine Absicht, daß sie mit etwas übereinstimmen solle. Danach kann man vermuten, daß die Wahrheit in einer Übereinstimmung eines Bildes mit dem Abgebildeten bestehe. Eine Übereinstimmung ist eine Beziehung. Dem widerspricht aber die Gebrauchsweise des Wortes »wahr«, das kein Beziehungswort ist, keinen Hinweis auf etwas Anderes enthält, mit dem etwas übereinstimmen solle. Wenn ich nicht weiß, daß ein Bild den Kölner Dom darstellen solle, weiß ich nicht, [60] womit ich das Bild vergleichen müsse, um über seine Wahrheit zu entscheiden. Auch kann eine Übereinstimmung ja nur dann vollkommen sein, wenn die übereinstimmenden Dinge zusammenfallen, also gar nicht verschiedene Dinge sind. Man soll die Echtheit einer Banknote prüfen können, indem man sie mit einer echten stereoskopisch zur Deckung zu bringen sucht. Aber der Versuch, ein Goldstück mit einem Zwanzigmarkschein stereoskopisch zur Deckung zu bringen, wäre lächerlich. Eine Vorstellung mit einem Dinge zur Deckung zu bringen, wäre nur möglich, wenn auch das Ding eine Vorstellung wäre. Und wenn dann die erste mit der zweiten vollkommen übereinstimmt, fallen sie zusammen. Aber das will man gerade nicht, wenn man die Wahrheit als Übereinstimmung einer Vorstellung mit etwas Wirklichem bestimmt. Dabei ist es gerade wesentlich, daß das Wirkliche von der Vorstellung verschieden sei. Dann aber gibt es keine vollkommene Übereinstimmung, keine vollkommene Wahrheit. Dann wäre überhaupt nichts wahr; denn was nur halb wahr ist, ist unwahr. Die Wahrheit verträgt kein Mehr oder Minder. Oder doch? Kann man nicht festsetzen, daß Wahrheit bestehe, wenn die Übereinstimmung in einer gewissen Hinsicht stattfinde? Aber in welcher? Was müßten wir dann aber tun, um zu entscheiden, ob etwas wahr wäre? Wir müßten untersuchen, ob es wahr wäre, daß – etwa eine Vorstellung und ein Wirkliches – in der festgesetzten Hinsicht übereinstimmten. Und damit ständen wir wieder vor einer Frage derselben Art, und das Spiel könnte von neuem beginnen. So scheitert dieser Versuch, die Wahrheit als eine Übereinstimmung zu erklären. So scheitert aber auch jeder andere Versuch, das Wahrsein zu definieren. Denn in einer Definition gäbe man gewisse Merkmale an. Und bei der Anwendung auf einen besonderen Fall käme es dann immer darauf an, ob es wahr wäre, daß diese Merkmale zuträfen. So drehte man sich im Kreise. Hiernach ist es wahrscheinlich, daß der Inhalt des Wortes »wahr« ganz einzigartig und undefinierbar ist.

Wenn man Wahrheit von einem Bilde aussagt, will man eigentlich keine Eigenschaft aussagen, welche diesem Bilde ganz losgelöst von anderen Dingen zukäme, sondern man hat dabei immer noch eine ganz andere Sache im Auge und man will sagen, daß jenes Bild mit dieser Sache irgendwie übereinstimme. »Meine Vorstellung stimmt mit dem Kölner Dome überein« ist ein Satz, und es handelt sich nun um die Wahrheit dieses Satzes. So wird, was man wohl mißbräuchlich Wahrheit von Bildern und Vorstellungen nennt, auf die Wahrheit von Sätzen zurückgeführt. Was nennt man einen Satz? Eine Folge von Lauten; aber nur dann, wenn sie einen Sinn hat, womit nicht gesagt sein soll, daß jede sinnvolle Folge von Lauten ein Satz sei. Und wenn wir einen Satz wahr nennen, meinen wir eigentlich seinen Sinn. Danach ergibt sich als dasjenige, bei dem das Wahrsein überhaupt in Frage kommen kann, der Sinn eines Satzes. Ist nun der Sinn eines Satzes eine Vorstellung? Jedenfalls besteht das Wahrsein nicht in der Übereinstimmung dieses Sinnes mit etwas Anderem; denn sonst wiederholte sich die Frage nach dem Wahrsein ins Unendliche.

Ohne damit eine Definition geben zu wollen, nenne ich Gedanken etwas, bei dem überhaupt Wahrheit in Frage kommen kann. Was falsch ist, rechne ich also [61] ebenso zu den Gedanken, wie das, was wahr ist.[1] Demnach kann ich

1) In ähnlicher Weise hat man etwa gesagt: »Ein Urteil ist etwas, was entweder wahr oder falsch ist.« In der Tat gebrauche ich das Wort

sagen: der Gedanke ist der Sinn eines Satzes, ohne damit behaupten zu wollen, daß der Sinn jedes Satzes ein Gedanke sei. Der an sich unsinnliche Gedanke kleidet sich in das sinnliche Gewand des Satzes und wird uns damit faßbarer. Wir sagen, der Satz drücke einen Gedanken aus.

Der Gedanke ist etwas Unsinnliches und alle sinnlich wahrnehmbaren Dinge sind von dem Gebiete dessen auszuschließen, bei dem überhaupt Wahrheit in Frage kommen kann. Wahrheit ist nicht eine Eigenschaft, die einer besonderen Art von Sinneseindrücken entspricht. So unterscheidet sie sich scharf von Eigenschaften, die wir mit den Wörtern »rot«, »bitter«, »fliederduftend« benennen. Aber sehen wir nicht, daß die Sonne aufgegangen ist? und sehen wir nicht damit auch, daß dies wahr ist? Daß die Sonne aufgegangen ist, ist kein Gegenstand, der Strahlen aussendet, die in mein Auge gelangen, ist kein sichtbares Ding wie die Sonne selbst. Daß die Sonne aufgegangen ist, wird auf Grund von Sinneseindrücken als wahr erkannt. Dennoch ist das Wahrsein keine sinnlich wahrnehmbare Eigenschaft. Auch das Magnetischsein wird auf Grund von Sinneseindrücken an einem Dinge erkannt, obwohl dieser Eigenschaft ebenso-

»Gedanke« ungefähr in dem Sinne von »Urteil« in den Schriften der Logiker. Warum ich »Gedanke« vorziehe, wird im Folgenden hoffentlich erkennbar werden. Man hat eine solche Erklärung getadelt, weil darin eine Einteilung in wahre und falsche Urteile gegeben werde, eine Einteilung, welche von allen möglichen Einteilungen der Urteile vielleicht die am wenigsten bedeutsame sei. Daß mit der Erklärung zugleich eine Einteilung gegeben werde, kann ich als logischen Mangel nicht anerkennen. Was die Bedeutsamkeit betrifft, so wird man sie doch wohl nicht gering schätzen dürfen, wenn das Wort »wahr«, wie ich gesagt habe, der Logik die Richtung weist.

wenig wie der Wahrheit eine besondere Art von Sinneseindrücken entspricht. Darin stimmen diese Eigenschaften überein. Um aber einen Körper als magnetisch zu erkennen, haben wir Sinneseindrücke nötig. Wenn ich es dagegen wahr finde, daß ich in diesem Augenblick nichts rieche, so tue ich das nicht auf Grund von Sinneseindrücken.

Immerhin gibt es zu denken, daß wir an keinem Dinge eine Eigenschaft erkennen können, ohne damit zugleich den Gedanken, daß dieses Ding diese Eigenschaft habe, wahr zu finden. So ist mit jeder Eigenschaft eines Dinges eine Eigenschaft eines Gedankens verknüpft, nämlich die der Wahrheit. Beachtenswert ist es auch, daß der Satz »ich rieche Veilchenduft« doch wohl denselben Inhalt hat wie der Satz »es ist wahr, daß ich Veilchenduft rieche«. So scheint denn dem Gedanken dadurch nichts hinzugefügt zu werden, daß ich ihm die Eigenschaft der Wahrheit beilege. Und doch! ist es nicht ein großer Erfolg, wenn nach langem Schwanken und mühsamen Untersuchungen der Forscher schließlich sagen kann »was ich vermutet habe, ist wahr«? Die Bedeutung des Wortes »wahr« scheint ganz einzigartig zu sein. Sollten wir es hier mit etwas zu tun haben, was in dem sonst üblichen Sinne garnicht Eigenschaft genannt werden kann? Trotz diesem Zweifel will ich mich zunächst noch dem Sprachgebrauche folgend so [62] ausdrücken, als ob die Wahrheit eine Eigenschaft wäre, bis etwas Zutreffenderes gefunden sein wird.

Um das, was ich Gedanken nennen will, schärfer herauszuarbeiten, unterscheide ich Arten von Sätzen.[1] Einem

1) Ich gebrauche das Wort »Satz« hier nicht ganz im Sinne der Grammatik, die auch Nebensätze kennt. Ein abgesonderter Nebensatz

Befehlssatze wird man einen Sinn nicht absprechen wollen; aber dieser Sinn ist nicht derart, daß Wahrheit bei ihm in Frage kommen könnte. Darum werde ich den Sinn eines Befehlssatzes nicht Gedanken nennen. Ebenso sind Wunsch- und Bittsätze auszuschließen. In Betracht kommen können Sätze, in denen wir etwas mitteilen oder behaupten. Aber Ausrufe, in denen man seinen Gefühlen Luft macht, Stöhnen, Seufzen, Lachen rechne ich nicht dazu, es sei denn, daß sie durch besondere Verabredung dazu bestimmt sind, etwas mitzuteilen. Wie ist es aber bei den Fragesätzen? In einer Wortfrage sprechen wir einen unvollständigen Satz aus, der erst durch die Ergänzung, zu der wir auffordern, einen wahren Sinn erhalten soll. Die Wortfragen bleiben hier demnach außer Betracht. Anders ist es bei den Satzfragen. Wir erwarten »ja« zu hören, oder »nein«. Die Antwort »ja« besagt dasselbe wie ein Behauptungssatz; denn durch sie wird der Gedanke als wahr hingestellt, der im Fragesatz schon vollständig enthalten ist. So kann man zu jedem Behauptungssatz eine Satzfrage bilden. Ein Ausruf ist deshalb nicht als Mitteilung anzusehen, weil keine entsprechende Satzfrage gebildet werden kann. Fragesatz und Behauptungssatz enthalten denselben Gedanken; aber der Behauptungssatz enthält noch etwas mehr, nämlich eben die Behauptung. Auch der Fragesatz enthält etwas mehr, nämlich eine Aufforderung. In einem Behauptungssatz ist also zweierlei zu unterscheiden: der Inhalt, den er mit der entsprechenden Satzfrage gemein hat, und

hat nicht immer einen Sinn, bei dem Wahrheit in Frage kommen kann, während das Satzgefüge, dem er angehört, einen solchen Sinn hat.

die Behauptung. Jener ist der Gedanke oder enthält wenigstens den Gedanken. Es ist also möglich, einen Gedanken auszudrücken, ohne ihn als wahr hinzustellen. In einem Behauptungssatze ist beides so verbunden, daß man die Zerlegbarkeit leicht übersieht. Wir unterscheiden demnach

1. das Fassen des Gedankens – das Denken,
2. die Anerkennung der Wahrheit eines Gedankens – das Urteilen[2]),
3. die Kundgebung dieses Urteils – das Behaupten.

Indem wir eine Satzfrage bilden, haben wir die erste Tat schon vollbracht. Ein Fortschritt in der Wissenschaft geschieht gewöhnlich so, daß zuerst ein Gedanke gefaßt wird, wie er etwa in einer Satzfrage ausgedrückt werden kann, worauf dann nach angestellten Untersuchungen dieser Gedanke zuletzt als wahr erkannt wird. In der [63] Form des Behauptungssatzes sprechen wir die Anerkennung der Wahrheit aus. Wir brauchen dazu das Wort »wahr« nicht. Und selbst, wenn wir es gebrauchen, liegt die eigentlich behauptende Kraft nicht in ihm, sondern in der Form des Behauptungssatzes, und wo diese ihre behauptende Kraft verliert, kann auch das Wort »wahr« sie nicht wieder herstel-

2) Mir scheint, man habe bisher nicht genug zwischen Gedanken und Urteil unterschieden. Die Sprache verleitet vielleicht dazu. Wir haben ja im Behauptungssatze keinen besonderen Satzteil, der dem Behaupten entspricht, sondern daß man etwas behaupte, liegt in der Form des Behauptungssatzes. Im Deutschen haben wir dadurch einen Vorteil, daß Hauptsatz und Nebensatz sich durch die Wortstellung unterscheiden. Dabei ist freilich zu beachten, daß auch ein Nebensatz eine Behauptung enthalten kann, und daß oft weder der Hauptsatz für sich, noch ein Nebensatz für sich, sondern erst das Satzgefüge einen vollständigen Gedanken ausdrückt.

len. Das geschieht, wenn wir nicht im Ernste sprechen. Wie der Theaterdonner nur Scheindonner, das Theatergefecht nur Scheingefecht ist, so ist auch die Theaterbehauptung nur Scheinbehauptung. Es ist nur Spiel, nur Dichtung. Der Schauspieler in seiner Rolle behauptet nicht, er lügt auch nicht, selbst wenn er etwas sagt, von dessen Falschheit er überzeugt ist. In der Dichtung haben wir den Fall, daß Gedanken ausgedrückt werden, ohne daß sie trotz der Form des Behauptungssatzes wirklich als wahr hingestellt werden, obwohl es dem Hörer nahegelegt werden mag, selbst ein zustimmendes Urteil zu fällen. Also auch bei dem, was sich der Form nach als Behauptungssatz darstellt, ist immer noch zu fragen, ob es wirklich eine Behauptung enthalte. Und diese Frage ist zu verneinen, wenn der dazu nötige Ernst fehlt. Ob das Wort »wahr« dabei gebraucht wird, ist unerheblich. So erklärt es sich, daß dem Gedanken dadurch nichts hinzugefügt zu werden scheint, daß man ihm die Eigenschaft der Wahrheit beilegt.

Ein Behauptungssatz enthält außer einem Gedanken und der Behauptung oft noch ein Drittes, auf das sich die Behauptung nicht erstreckt. Das soll nicht selten auf das Gefühl, die Stimmung des Hörers wirken oder seine Einbildungskraft anregen. Wörter wie »leider«, »gottlob« gehören hierher. Solche Bestandteile des Satzes treten in der Dichtung stärker hervor, fehlen aber auch in der Prosa selten ganz. In mathematischen, physikalischen, chemischen Darstellungen werden sie seltener sein, als in geschichtlichen. Was man Geisteswissenschaft nennt, steht der Dichtung näher, ist darum aber auch weniger wissenschaftlich, als die strengen Wissenschaften, die umso trockner sind, je strenger sie sind; denn die strenge Wissenschaft ist auf die

Wahrheit gerichtet und nur auf die Wahrheit. Alle Bestandteile des Satzes also, auf die sich die behauptende Kraft nicht erstreckt, gehören nicht zur wissenschaftlichen Darstellung, sind aber manchmal auch für den schwer zu vermeiden, der die damit verbundene Gefahr sieht. Wo es darauf ankommt, sich dem gedanklich Unfaßbaren auf dem Wege der Ahnung zu nähern, haben diese Bestandteile ihre volle Berechtigung. Je strenger wissenschaftlich eine Darstellung ist, desto weniger wird sich das Volkstum ihres Urhebers bemerkbar machen, desto leichter wird sie sich übersetzen lassen. Dagegen erschweren die Bestandteile der Sprache, auf die ich hier aufmerksam machen möchte, die Übersetzung von Dichtungen sehr, ja machen eine vollkommene Übersetzung fast immer unmöglich; denn gerade in ihnen, auf denen der dichterische Wert zu einem großen Teile beruht, unterscheiden sich die Sprachen am meisten.

Ob ich das Wort »Pferd« oder »Roß« oder »Gaul« oder »Märe« gebrauche, macht keinen Unterschied im Gedanken. Die behauptende Kraft erstreckt sich nicht auf das, wodurch sich diese Wörter unterscheiden. Was man Stimmung, Duft, Beleuchtung in einer Dichtung nennen kann, was durch Tonfall und Rhythmus gemalt wird, gehört nicht zum Gedanken. [64]

Manches in der Sprache dient dazu, dem Hörer die Auffassung zu erleichtern, z. B. die Hervorhebung eines Satzgliedes durch Betonung oder Wortstellung. Man denke auch an Wörter, wie »noch« und »schon«. Mit dem Satze »Alfred ist noch nicht gekommen« sagt man eigentlich »Alfred ist nicht gekommen« und deutet dabei an, daß man sein Kommen erwartet; aber man deutet es eben nur an.

Man kann nicht sagen, daß der Sinn des Satzes darum falsch sei, weil Alfreds Kommen nicht erwartet werde. Das Wort »aber« unterscheidet sich von »und« dadurch, daß man mit ihm andeutet, das Folgende stehe zu dem, was nach dem Vorhergehenden zu erwarten war, in einem Gegensatze. Solche Winke in der Rede machen keinen Unterschied im Gedanken. Man kann einen Satz umformen, indem man das Verb aus dem Aktiv ins Passiv umsetzt und zugleich das Akkusativ-Objekt zum Subjekte macht. Ebenso kann man den Dativ in den Nominativ umwandeln und zugleich »geben« durch »empfangen« ersetzen. Gewiß sind solche Umformungen nicht in jeder Hinsicht gleichgültig; aber sie berühren den Gedanken nicht, sie berühren das nicht, was wahr oder falsch ist. Wenn allgemein die Unzulässigkeit solcher Umformungen anerkannt würde, so wäre damit jede tiefere logische Untersuchung verhindert. Es ist ebenso wichtig Unterscheidungen zu unterlassen, welche den Kern der Sache nicht berühren, wie Unterscheidungen zu machen, welche das Wesentliche betreffen. Was aber wesentlich ist, hängt von dem Zwecke ab. Dem auf das Schöne in der Sprache gerichteten Sinne kann gerade das wichtig erscheinen, was dem Logiker gleichgültig ist.

So überragt der Inhalt eines Satzes nicht selten den in ihm ausgedrückten Gedanken. Aber auch das Umgekehrte kommt oft vor, daß nämlich der bloße Wortlaut, welcher durch die Schrift oder den Phonographen festgehalten werden kann, zum Ausdruck des Gedankens nicht hinreicht. Das *Tempus Praesens* wird in zweifacher Weise gebraucht: erstens, um eine Zeitangabe zu machen, zweitens um jede zeitliche Beschränkung aufzuheben, falls Zeitlosigkeit oder Ewigkeit Bestandteil des Gedankens ist. Man denke z. B. an die Gesetze der Mathematik. Welcher der beiden Fälle stattfinde, wird nicht ausgedrückt, sondern muß erraten werden. Wenn mit dem *Praesens* eine Zeitangabe gemacht werden soll, muß man wissen, wann der Satz ausgesprochen worden ist, um den Gedanken richtig aufzufassen. Dann ist also die Zeit des Sprechens Teil des Gedankenausdrucks. Wenn jemand heute dasselbe sagen will, was er gestern das Wort »heute« gebrauchend ausgedrückt hat, so wird er dieses Wort durch »gestern« ersetzen. Obwohl der Gedanke derselbe ist, muß hierbei der Wortausdruck verschieden sein, um die Änderung des Sinnes wieder auszugleichen, die sonst durch den Zeitunterschied des Sprechens bewirkt würde. Ähnlich liegt die Sache bei den Wörtern wie »hier«, »da«. In allen solchen Fällen ist der bloße Wortlaut, wie er schriftlich festgehalten werden kann, nicht der vollständige Ausdruck des Gedankens, sondern man bedarf zu dessen richtiger Auffassung noch der Kenntnis gewisser das Sprechen begleitender Umstände, die dabei als Mittel des Gedankenausdrucks benutzt werden. Dazu können auch Fingerzeige, Handbewegungen, Blicke gehören. Der gleiche das Wort »ich« enthaltende Wortlaut wird im Munde verschiedener Menschen verschiedene Gedanken ausdrücken, von denen einige wahr, andere falsch sein können. [65]

Das Vorkommen des Wortes »ich« in einem Satze gibt noch zu einigen Fragen Veranlassung.

Es liege folgender Fall vor. *Dr.* Gustav Lauben sagt: »Ich bin verwundet worden«. Leo Peter hört das und erzählt nach einigen Tagen: »*Dr.* Gustav Lauben ist verwundet worden«. Drückt nun dieser Satz denselben Gedanken aus, den *Dr.* Lauben selbst ausgesprochen hat? Es werde angenommen, Rudolf Lingens sei anwesend gewesen, als *Dr.* Lauben gesprochen und höre nun das, was Leo Peter erzählt. Wenn von *Dr.* Lauben und von Leo Peter derselbe Gedanke ausgesprochen worden ist, so muß Rudolf Lingens, der deutschen Sprache völlig mächtig und sich an das erinnernd, was in seiner Gegenwart *Dr.* Lauben gesagt hat, nun bei der Erzählung Leo Peters sofort wissen, daß von derselben Sache die Rede ist. Aber mit der Kenntnis der deutschen Sprache ist es eine eigene Sache, wenn es sich um Eigennamen handelt. Es kann leicht sein, daß nur Wenige mit dem Satze »*Dr.* Lauben ist verwundet worden« einen bestimmten Gedanken verbinden. Zum vollen Verständnis gehört in diesem Falle die Kenntnis der Vokabel »*Dr.* Gustav Lauben«. Wenn nun Beide, Leo Peter und Rudolf Lingens, unter »*Dr.* Gustav Lauben« den Arzt verstehen, der in einer ihnen Beiden bekannten Wohnung als der einzige Arzt wohnt, so verstehen Beide den Satz »*Dr.* Gustav Lauben ist verwundet worden« in derselben Weise, sie verbinden mit ihm denselben Gedanken. Dabei ist es aber möglich, daß Rudolf Lingens den *Dr.* Lauben nicht persönlich kennt und nicht weiß, daß es eben der *Dr.* Lauben war, der neulich sagte »ich bin verwundet worden«. In diesem Falle kann Rudolf Lingens nicht wissen, daß es sich um dieselbe Sache handelt. Darum sage ich in diesem Falle: der Gedanke, den Leo Peter kundgibt, ist nicht derselbe, den *Dr.* Lauben ausgesprochen hat.

Es werde weiter angenommen, Herbert Garner wisse, daß *Dr.* Gustav Lauben am 13. September 1875 in N. N. geboren ist und daß dies auf keinen Anderen zutrifft; dagegen wisse er nicht, wo *Dr.* Lauben jetzt wohnt, noch sonst etwas von ihm. Andererseits wisse Leo Peter nicht, daß *Dr.* Gustav

Lauben am 13. September 1875 in N. N. geboren ist. Dann sprechen Herbert Garner und Leo Peter, soweit der Eigenname »*Dr.* Gustav Lauben« in Betracht kommt, nicht dieselbe Sprache, obwohl sie in der Tat denselben Mann mit diesem Namen bezeichnen; denn daß sie das tun, wissen sie nicht. Herbert Garner verbindet also mit dem Satze »*Dr.* Gustav Lauben ist verwundet worden« nicht denselben Gedanken, den Leo Peter damit ausdrücken will. Um den Übelstand zu vermeiden, daß Herbert Garner und Leo Peter nicht dieselbe Sprache reden, nehme ich an, daß Leo Peter den Eigennamen »*Dr.* Lauben«, Herbert Garner dagegen den Eigennamen »Gustav Lauben« gebraucht. Nun ist es möglich, daß Herbert Garner den Sinn des Satzes »*Dr.* Lauben ist verwundet worden« für wahr hält, während er, durch falsche Nachrichten irregeführt, den Sinn des Satzes »Gustav Lauben ist verwundet worden« für falsch hält. Unter den gemachten Annahmen sind diese Gedanken also verschieden.

Demnach kommt es bei einem Eigennamen darauf an, wie der, die oder das durch ihn Bezeichnete gegeben ist. Das kann in verschiedener Weise geschehen, und [66] jeder solchen Weise entspricht ein besonderer Sinn eines Satzes, der den Eigennamen enthält. Die verschiedenen Gedanken, die sich so aus demselben Satze ergeben, stimmen freilich in ihrem Wahrheitswerte überein, d. h. wenn einer von ihnen wahr ist, sind sie alle wahr, und wenn einer von ihnen falsch ist, sind sie alle falsch. Dennoch ist ihre Verschiedenheit anzuerkennen. Es muß also eigentlich gefordert werden, daß mit jedem Eigennamen eine einzige Weise verknüpft sei, wie der, die oder das durch ihn Bezeichnete gegeben sei. Daß diese Forderung erfüllt werde, ist oft unerheblich, aber nicht immer.

Nun ist jeder sich selbst in einer besonderen und ursprünglichen Weise gegeben, wie er keinem Andern gegeben ist. Wenn nun *Dr.* Lauben denkt, daß er verwundet worden ist, wird er dabei wahrscheinlich diese ursprüngliche Weise, wie er sich selbst gegeben ist, zugrunde legen. Und den so bestimmten Gedanken kann nur *Dr.* Lauben selbst fassen. Nun aber wollte er Andern eine Mitteilung machen. Einen Gedanken, den nur er allein fassen kann, kann er nicht mitteilen. Wenn er nun also sagt »ich bin verwundet worden«, muß er das »ich« in einem Sinn gebrauchen, der auch Andern faßbar ist, etwa in dem Sinne von »derjenige, der in diesem Augenblicke zu euch spricht«, wobei er die sein Sprechen begleitenden Umstände dem Gedankenausdrucke dienstbar macht.[1)]

Doch da kommt ein Bedenken. Ist das überhaupt derselbe Gedanke, den zuerst jener und nun dieser Mensch ausspricht?

Der von der Philosophie noch unberührte Mensch kennt zunächst Dinge, die er sehen, tasten, kurz: mit den Sinnen

1) Ich bin hier nicht in der glücklichen Lage eines Mineralogen, der seinen Zuhörern einen Bergkristall zeigt. Ich kann meinen Lesern nicht einen Gedanken in die Hände geben mit der Bitte, ihn von allen Seiten recht genau zu betrachten. Ich muß mich begnügen, den an sich unsinnlichen Gedanken in die sinnliche sprachliche Form gehüllt dem Leser darzubieten. Dabei macht die Bildlichkeit der Sprache Schwierigkeiten. Das Sinnliche drängt sich immer wieder ein und macht den Ausdruck bildlich und damit uneigentlich. So entsteht ein Kampf mit der Sprache, und ich werde genötigt, mich noch mit der Sprache zu befassen, obwohl das ja hier nicht meine eigentliche Aufgabe ist. Hoffentlich ist es mir gelungen, meinen Lesern deutlich zu machen, was ich Gedanken nennen will.

wahrnehmen kann, wie Bäume, Steine, Häuser und er ist überzeugt, daß ein Anderer denselben Baum, denselben Stein, den er selbst sieht und tastet, gleichfalls sehn und tasten kann. Zu diesen Dingen gehört ein Gedanke offenbar nicht. Kann er nun trotzdem den Menschen als derselbe gegenüberstehn wie ein Baum?

Auch der unphilosophische Mensch sieht sich bald genötigt, eine von der Außenwelt verschiedene Innenwelt anzuerkennen, eine Welt der Sinneseindrücke, der Schöpfungen seiner Einbildungskraft, der Empfindungen, der Gefühle und Stimmungen, eine Welt der Neigungen, Wünsche und Entschlüsse. Um einen kurzen Ausdruck zu haben, will ich dies mit Ausnahme der Entschlüsse unter dem Worte »Vorstellung« zusammenfassen.

Gehören nun die Gedanken dieser Innenwelt an? Sind sie Vorstellungen? Entschlüsse sind sie offenbar nicht. [67]

Wodurch unterscheiden sich die Vorstellungen von den Dingen der Außenwelt? Zuerst:

Vorstellungen können nicht gesehen oder getastet, weder gerochen, noch geschmeckt, noch gehört werden.

Ich mache mit einem Begleiter einen Spaziergang. Ich sehe eine grüne Wiese; ich habe dabei den Gesichtseindruck des Grünen. Ich habe ihn, aber ich sehe ihn nicht.

Zweitens: Vorstellungen werden gehabt. Man hat Empfindungen, Gefühle, Stimmungen, Neigungen, Wünsche. Eine Vorstellung, die jemand hat, gehört zu dem Inhalte seines Bewußtseins.

Die Wiese und die Frösche auf ihr, die Sonne, die sie bescheint, sind da, einerlei ob ich sie anschaue oder nicht; aber der Sinneseindruck des Grünen, den ich habe, besteht nur durch mich; ich bin sein Träger. Es scheint uns ungereimt, daß ein Schmerz, eine Stimmung, ein Wunsch sich ohne einen Träger selbständig in der Welt umhertreibe. Eine Empfindung ist nicht ohne einen Empfindenden möglich. Die Innenwelt hat zur Voraussetzung einen, dessen Innenwelt sie ist.

Drittens: Vorstellungen bedürfen eines Trägers. Die Dinge der Außenwelt sind im Vergleiche damit selbständig.

Mein Begleiter und ich sind überzeugt, daß wir beide dieselbe Wiese sehen; aber jeder von uns hat einen besonderen Sinneseindruck des Grünen. Ich erblicke eine Erdbeere zwischen den grünen Erdbeerblättern. Mein Begleiter findet sie nicht; er ist farbenblind. Der Farbeneindruck, den er von der Erdbeere erhält, unterscheidet sich nicht merklich von dem, den er von dem Blatt erhält. Sieht nun mein Begleiter das grüne Blatt rot, oder sieht er die rote Beere grün? oder sieht er beide in einer Farbe, die ich gar nicht kenne? Das sind unbeantwortbare, ja eigentlich unsinnige Fragen. Denn das Wort »rot«, wenn es nicht eine Eigenschaft von Dingen angeben, sondern meinem Bewußtsein angehörende Sinneseindrücke kennzeichnen soll, ist anwendbar nur im Gebiete meines Bewußtseins; denn es ist unmöglich, meinen Sinneseindruck mit dem eines Andern zu vergleichen. Dazu wäre erforderlich, einen Sinneseindruck, der einem Bewußtsein angehört, und einen Sinneseindruck, der einem andern Bewußtsein angehört, in einem Bewußtsein zu vereinigen. Wenn es nun auch möglich wäre, eine Vorstellung aus einem Bewußtsein verschwinden und zugleich eine Vorstellung in einem andern Bewußtsein auftauchen zu lassen, so bliebe doch immer die Frage unbeantwortbar, ob das dieselbe Vorstellung wäre. Inhalt meines Bewußtseins zu sein, gehört so zum Wesen jeder meiner Vorstellungen, daß jede Vorstellung eines Andern eben als solche von meiner verschieden ist. Wäre es aber nicht möglich, daß meine Vorstellungen, mein ganzer Bewußtseinsinhalt zugleich Inhalt eines umfassenderen, etwa göttlichen Bewußtseins wäre? Doch wohl nur, wenn ich selbst Teil des göttlichen Wesens wäre. Aber wären es dann eigentlich meine Vorstellungen? wäre ich ihr Träger? Doch das überschreitet so weit die Grenzen des menschlichen Erkennens, daß es geboten ist, diese Möglichkeit außer Betracht zu lassen. Jedenfalls ist es uns Menschen unmöglich, Vorstellungen Anderer mit unsern eigenen zu vergleichen. Ich pflücke die Erdbeere ab; ich halte [68] sie zwischen den Fingern. Jetzt sieht sie auch mein Begleiter, dieselbe Erdbeere; aber jeder von uns hat seine eigene Vorstellung. Kein Anderer hat meine Vorstellung; aber Viele können dasselbe Ding sehen. Kein Anderer hat meinen Schmerz. Jemand kann Mitleid mit mir haben; aber dabei gehört doch immer mein Schmerz mir und sein Mitleid ihm an. Er hat nicht meinen Schmerz und ich habe nicht sein Mitleid.

Viertens: Jede Vorstellung hat nur einen Träger; nicht zwei Menschen haben dieselbe Vorstellung.

Sonst hätte sie unabhängig von Diesem und unabhängig von Jenem Bestand. Ist jene Linde meine Vorstellung? Indem ich in dieser Frage den Ausdruck »jene Linde« gebrauche, greife ich eigentlich der Antwort schon vor; denn mit diesem Ausdrucke will ich etwas bezeichnen, was ich sehe und was auch Andere betrachten und betasten können. Nun ist zweierlei möglich. Wenn meine Absicht erreicht ist, wenn ich mit dem Ausdrucke »jene Linde« etwas bezeichne, dann ist der in dem Satze »jene Linde ist meine

Vorstellung« ausgedrückte Gedanke offenbar zu verneinen. Wenn ich aber meine Absicht verfehlt habe, wenn ich nur zu sehen meine, ohne wirklich zu sehen, wenn demnach die Bezeichnung »jene Linde« leer ist, dann habe ich mich, ohne es zu wissen und zu wollen, in das Gebiet der Dichtung verirrt. Dann ist weder der Inhalt des Satzes »jene Linde ist meine Vorstellung«, noch der Inhalt des Satzes »jene Linde ist nicht meine Vorstellung« wahr; denn in beiden Fällen habe ich dann eine Aussage, welcher der Gegenstand fehlt. Die Beantwortung der Frage kann dann nur abgelehnt werden mit der Begründung, daß der Inhalt des Satzes »jene Linde ist meine Vorstellung« Dichtung sei. Freilich habe ich dann wohl eine Vorstellung; aber diese meine ich nicht mit den Worten »jene Linde«. Nun könnte jemand wirklich mit den Worten »jene Linde« eine seiner Vorstellungen bezeichnen wollen; dann wäre er Träger dessen, was er mit jenen Worten bezeichnen wollte; aber er sähe dann jene Linde nicht und kein anderer Mensch sähe sie oder wäre ihr Träger.

Ich komme nun auf die Frage zurück: Ist der Gedanke eine Vorstellung? Wenn der Gedanke, den ich im pythagoräischen Lehrsatz ausspreche, ebenso von Andern wie von mir als wahr anerkannt werden kann, dann gehört er nicht zum Inhalte meines Bewußtseins, dann bin ich nicht sein Träger und kann ihn trotzdem als wahr anerkennen. Wenn es aber gar nicht derselbe Gedanke ist, der von mir und der von Jenem als Inhalt des pythagoräischen Lehrsatzes angesehen wird, dann dürfte man eigentlich nicht sagen »der pythagoräische Lehrsatz«, sondern »mein pythagoräischer Lehrsatz«, »sein pythagoräischer Lehrsatz«, und diese wären verschieden; denn der Sinn gehört notwendig zum Satze. Dann kann mein Gedanke Inhalt meines Bewußtseins, sein Gedanke Inhalt seines Bewußtseins sein. Könnte dann der Sinn meines pythagoräischen Lehrsatzes wahr, der seines falsch sein? Ich habe gesagt, das Wort »rot« sei anwendbar nur im Gebiete meines Bewußtseins, wenn es nicht eine Eigenschaft von Dingen angeben, sondern einige meiner Sinneseindrücke kennzeichnen solle. So könnten auch die Wörter »wahr« und »falsch« so, wie ich sie verstehe, anwendbar sein nur im Gebiete meines Bewußtseins, wenn sie nicht etwas [69] betreffen sollten, dessen Träger ich nicht bin, sondern bestimmt wären, Inhalte meines Bewußtseins irgendwie zu kennzeichnen. Dann wäre die Wahrheit auf den Inhalt meines Bewußtseins beschränkt, und es bliebe zweifelhaft, ob im Bewußtsein Anderer überhaupt etwas Ähnliches vorkäme.

Wenn jeder Gedanke eines Trägers bedarf, zu dessen Bewußtseinsinhalte er gehört, so ist er Gedanke nur dieses Trägers, und es gibt keine Wissenschaft, welche Vielen gemeinsam wäre, an welcher Viele arbeiten könnten; sondern ich habe vielleicht meine Wissenschaft, nämlich ein Ganzes von Gedanken, deren Träger ich bin, ein Anderer hat seine Wissenschaft. Jeder von uns beschäftigt sich mit Inhalten seines Bewußtseins. Ein Widerspruch zwischen beiden Wissenschaften ist dann nicht möglich; und es ist eigentlich müßig, sich um die Wahrheit zu streiten, ebenso müßig, ja beinahe lächerlich, wie es wäre, wenn zwei Leute sich stritten, ob ein Hundertmarkschein echt wäre, wobei jeder von Beiden denjenigen meinte, den er selber in seiner Tasche hätte, und das Wort »echt« in seinem besonderen Sinne verstände. Wenn jemand die Gedanken für Vorstellungen hält, so ist das, was er damit als wahr anerkennt, nach seiner eigenen Meinung Inhalt seines Bewußtseins und geht Andere eigentlich garnichts an. Und wenn er von mir die Meinung hörte, der Gedanke wäre nicht Vorstellung, so könnte er das nicht bestreiten; denn das ginge ihn ja nun wieder nichts an.

So scheint das Ergebnis zu sein: Die Gedanken sind weder Dinge der Außenwelt, noch Vorstellungen.

Ein drittes Reich muß anerkannt werden. Was zu diesem gehört, stimmt mit den Vorstellungen darin überein, daß es nicht mit den Sinnen wahrgenommen werden kann, mit den Dingen aber darin, daß es keines Trägers bedarf, zu dessen Bewußtseinsinhalte es gehört. So ist z. B. der Gedanke, den wir im pythagoräischen Lehrsatz aussprachen, zeitlos wahr, unabhängig davon wahr, ob irgend jemand ihn für wahr hält. Er bedarf keines Trägers. Er ist wahr nicht erst, seitdem er entdeckt worden ist, wie ein Planet, schon bevor jemand ihn gesehen hat, mit andern Planeten in Wechselwirkung gewesen ist.[1)]

Aber einen seltsamen Einwurf glaube ich zu hören. Ich habe mehrfach angenommen, dasselbe Ding, das ich sehe, könne auch von einem Andern betrachtet werden. Wie aber, wenn alles nur Traum wäre? Wenn ich meinen Spaziergang in Begleitung eines Andern nur träumte, wenn ich nur träumte, daß mein Begleiter wie ich die grüne Wiese sähe, wenn das alles nur ein Schauspiel wäre, aufgeführt auf

1) Man sieht ein Ding, man hat eine Vorstellung, man faßt oder denkt einen Gedanken. Wenn man einen Gedanken faßt oder denkt, so schafft man ihn nicht, sondern tritt nur zu ihm, der schon vorher bestand, in eine gewisse Beziehung, die verschieden ist von der des Sehens eines Dinges und von der des Habens einer Vorstellung.

der Bühne meines Bewußtseins, so wäre es zweifelhaft, ob es überhaupt Dinge der Außenwelt gebe. Vielleicht ist das Reich der Dinge leer, und ich sehe keine Dinge, auch keine Menschen, sondern ich habe vielleicht nur Vorstellungen, deren Träger ich selbst bin. Etwas, was ebensowenig wie mein Ermüdungsgefühl unabhängig von mir bestehen kann, eine Vorstellung kann kein Mensch sein, kann nicht mit mir zusammen [70] dieselbe Wiese betrachten, kann nicht die Erdbeere sehen, die ich halte. Daß ich statt der ganzen Umwelt, in der ich mich zu bewegen, zu schaffen gemeint, eigentlich nur meine Innenwelt habe, ist doch ganz unglaublich. Und doch ist es unausweichliche Folge des Satzes, daß nur das Gegenstand meiner Betrachtung sein kann, was meine Vorstellung ist. Was würde aus diesem Satze folgen, wenn er wahr wäre? Gäbe es dann andere Menschen? Das wäre schon möglich; aber ich wüßte nichts von ihnen; denn ein Mensch kann nicht meine Vorstellung, folglich, wenn unser Satz wahr wäre, auch nicht Gegenstand meiner Betrachtung sein. Und damit wäre allen Erwägungen der Boden entzogen, bei denen ich annahm, etwas könnte einem Andern ebenso Gegenstand sein, wie mir; denn selbst, wenn es vorkäme, wüßte ich nichts davon. Dasjenige, dessen Träger ich bin, von demjenigen zu unterscheiden, dessen Träger ich nicht bin, wäre mir unmöglich. Indem ich urteilte, etwas wäre nicht meine Vorstellung, machte ich es zum Gegenstande meines Denkens und damit zu meiner Vorstellung. Gibt es bei dieser Auffassung eine grüne Wiese? Vielleicht, aber sie wäre mir nicht sichtbar. Ist nämlich eine Wiese nicht meine Vorstellung, so kann sie nach unserm Satze nicht Gegenstand meiner Betrachtung sein. Ist sie aber meine Vorstellung, so ist sie unsichtbar; denn Vorstellungen sind nicht sichtbar. Ich kann zwar die Vorstellung einer grünen Wiese haben; aber diese ist nicht grün; denn grüne Vorstellungen gibt es nicht. Gibt es nach dieser Ansicht ein Geschoß von 100 kg Gewicht? Vielleicht; aber ich könnte nichts von ihm wissen. Wenn ein Geschoß nicht meine Vorstellung ist, so kann es nach unserm Satze nicht Gegenstand meiner Betrachtung, meines Denkens sein. Wenn ein Geschoß aber meine Vorstellung wäre, so hätte es kein Gewicht. Ich kann eine Vorstellung von einem schweren Geschosse haben. Diese enthält dann als Teilvorstellung die der Gewichtigkeit. Diese Teilvorstellung ist aber nicht Eigenschaft der Gesamtvorstellung, ebensowenig, wie Deutschland Eigenschaft Europas ist. So ergibt sich:

Entweder der Satz ist falsch, daß nur das Gegenstand meiner Betrachtung sein kann, was meine Vorstellung ist; oder all mein Wissen und Erkennen beschränkt sich auf den Bereich meiner Vorstellungen, auf die Bühne meines Bewußtseins. In diesem Falle hätte ich nur eine Innenwelt und ich wüßte nichts von andern Menschen.

Es ist wundersam, wie bei solchen Erwägungen die Gegensätze ineinander umschlagen. Da ist z.B. ein Sinnesphysiologe. Wie es sich für einen wissenschaftlichen Naturforscher ziemt, ist er zunächst weit davon entfernt, die Dinge, die zu sehen und zu tasten er überzeugt ist, für seine Vorstellungen zu halten. Im Gegenteil glaubt er in den Sinneseindrücken die sichersten Zeugnisse von Dingen zu haben, die ganz unabhängig von seinem Fühlen, Vorstellen, Denken bestehen, die sein Bewußtsein nicht nötig haben. Nervenfasern, Ganglienzellen erkennt er so wenig als Inhalt seines Bewußtseins an, daß er eher geneigt ist, umgekehrt sein Bewußtsein als abhängig von Nervenfasern und Ganglienzellen anzusehen. Er stellt fest, daß Lichtstrahlen, im Auge gebrochen, die Endigungen des Sehnerven treffen und da eine Veränderung, einen Reiz bewirken. Etwas davon wird weitergeleitet durch Nervenfasern zu Ganglienzellen. Es schließen sich daran vielleicht weitere Vorgänge im Nervensystem und es [71] entstehen Farbenempfindungen und diese verbinden sich zu dem, was wir vielleicht Vorstellung eines Baumes nennen. Zwischen den Baum und meine Vorstellung schieben sich physikalische, chemische, physiologische Vorgänge ein. Mit meinem Bewußtsein unmittelbar zusammenhängen aber, wie es scheint, nur Vorgänge in meinem Nervensystem; und jeder Beschauer des Baumes hat seine besonderen Vorgänge in seinem besonderen Nervensystem. Nun können die Lichtstrahlen, bevor sie in mein Auge dringen, von einer Spiegelfläche zurückgeworfen worden sein und sich nun so weiter verbreiten, als wären sie von Orten hinter dem Spiegel ausgegangen. Die Wirkungen auf die Sehnerven und alles Folgende wird nun gerade so vor sich gehen, wie es vor sich gehen würde, wenn die Lichtstrahlen von einem Baume hinter dem Spiegel ausgegangen wären und sich ungestört bis ans Auge fortgepflanzt hätten. So wird denn schließlich auch eine Vorstellung eines Baumes zustande kommen, wenn es einen solchen Baum auch gar nicht gibt. Auch durch Beugung des Lichtes kann durch Vermittelung des Auges und des Nervensystems eine Vorstellung entstehen, der gar nichts entspricht. Die Reizung des Sehnerven braucht aber gar nicht einmal durch Licht zu geschehen. Wenn in unserer Nähe ein Blitz niedergeht, glauben wir Flammen zu sehen, auch wenn wir den Blitz selbst nicht sehen können. Der Sehnerv wird dann etwa durch elektrische Ströme gereizt, die in unserm Leibe infolge des Blitzschlages entstehen. Wenn der Sehnerv dadurch ebenso gereizt wird, wie er durch Lichtstrahlen gereizt werden würde, die von Flammen ausgingen, so glauben wir Flammen zu sehen. Es kommt eben auf die Reizung des Sehnerven an; wie sie zustande kommt, ist gleichgültig.

Man kann noch einen Schritt weitergehen. Eigentlich ist doch diese Reizung des Sehnerven nicht unmittelbar gegeben, sondern nur Annahme. Wir glauben, daß ein von uns unabhängiges Ding einen Nerv reize und dadurch einen Sinneseindruck bewirke; aber genau genommen, erleben wir nur das Ende dieses Vorganges, das in unser Bewußtsein hereinragt. Könnte nicht dieser Sinneseindruck, diese Empfindung, die wir auf einen Nervenreiz zurückführen, auch andere Ursachen haben, wie ja auch derselbe Nervenreiz in verschiedener Weise entstehen kann? Nennen wir das in unser Bewußtsein Fallende Vorstellung, so erleben wir eigentlich nur Vorstellungen, nicht aber deren Ursachen. Und wenn der Forscher alle bloßen Annahmen fern halten will, so bleiben ihm nur Vorstellungen; alles löst sich ihm in Vorstellungen auf, auch die Lichtstrahlen, die Nervenfasern und Ganglienzellen, von denen er ausgegangen ist. So unterwühlt er schließlich die Grundlagen seines eigenen Baues. Alles ist Vorstellung? Alles bedarf eines Trägers, ohne den es keinen Bestand hat? Ich habe mich als Träger meiner Vorstellungen angesehen; aber bin ich nicht selbst eine Vorstellung? Es ist mir so, als läge ich auf einem Liegestuhle, als sähe ich ein Paar gewichster Stiefelspitzen, die Vorderseite einer Hose, eine Weste, Knöpfe, Teile eines Rockes, insbesondere Ärmel, zwei Hände, einige Barthaare, verschwommene Umrisse einer Nase. Und dieser ganze Verein von Gesichtseindrücken, diese Gesamtvorstellung bin ich selbst? Es ist mir auch so, als sähe ich dort einen Stuhl. Es ist eine Vorstellung. Eigentlich unterscheide ich mich gar nicht so sehr von dieser; [72] denn bin ich nicht selbst ebenfalls ein Verein von Sinneseindrücken, eine Vorstellung? Wo ist denn aber der Träger dieser Vorstellungen? Wie komme ich dazu, eine dieser Vorstellungen herauszugreifen und sie als Trägerin der andern hinzustellen? Warum muß das die Vorstellung sein, die ich **ich** zu nennen beliebe? Könnte ich nicht ebenso gut die dazu wählen, die ich einen Stuhl zu nennen in Versuchung bin? Doch wozu überhaupt ein Träger der Vorstellungen? Ein solcher wäre doch immer etwas von den bloß getragenen Vorstellungen wesentlich Verschiedenes, etwas Selbständiges, was keines fremden Trägers bedürfte. Wenn alles Vorstellung ist, so gibt es keinen Träger der Vorstellungen. Und so erlebe ich nun wieder einen Umschlag ins Entgegengesetzte. Wenn es keinen Träger der Vorstellungen gibt, so gibt es auch keine Vorstellungen; denn Vorstellungen bedürfen eines Trägers, ohne den sie nicht bestehen können. Wenn kein Herrscher da ist, gibt es auch keine Untertanen. Die Unselbständigkeit, die ich der Empfindung gegenüber dem Empfindenden zuzuerkennen mich bewogen fand, fällt weg, wenn kein Träger mehr da ist. Was ich Vorstellungen nannte, sind dann selbständige Gegenstände. Demjenigen Gegenstande, den ich **ich** nenne, eine besondere Stellung einzuräumen, fehlt jeder Grund.

Aber ist denn das möglich? Kann es ein Erleben geben, ohne jemanden, der es erlebt? Was wäre dieses ganze Schauspiel ohne einen Zuschauer? Kann es einen Schmerz geben, ohne jemanden, der ihn hat? Das Empfundenwerden gehört notwendig zum Schmerze, und zum Empfundenwerden gehört wieder jemand, der empfindet. Dann aber gibt es etwas, was nicht meine Vorstellung ist und doch Gegenstand meiner Betrachtung, meines Denkens sein kann, und ich bin von der Art. Oder kann ich Teil des Inhalts meines Bewußtseins sein, während ein anderer Teil vielleicht eine Mondvorstellung ist? Findet das etwa statt, wenn ich urteile, daß ich den Mond betrachte? Dann hätte dieser erste Teil ein Bewußtsein, und ein Teil des Inhalts dieses Bewußtseins wäre wiederum ich. U.s.f. Daß ich so ins Unendliche in mir eingeschachtelt wäre, ist doch wohl undenkbar; denn dann gäbe es ja nicht nur ein ich, sondern unendliche viele. Ich bin nicht meine eigene Vorstellung, und wenn ich etwas von mir behaupte, z. B. daß ich augenblicklich keinen Schmerz empfinde, so betrifft mein Urteil etwas, was nicht Inhalt meines Bewußtseins, nicht meine Vorstellung ist, nämlich mich selbst. Also ist das, wovon ich etwas aussage, nicht notwendig meine Vorstellung. Aber, wendet man vielleicht ein, wenn ich denke, daß ich augenblicklich keinen Schmerz habe, entspricht dann nicht doch dem Worte »ich« etwas im Inhalte meines Bewußtseins? und ist das nicht eine Vorstellung? Das mag sein. Mit der Vorstellung des Wortes »ich« mag in meinem Bewußtsein ein gewisse Vorstellung verbunden sein. Dann aber ist sie eine Vorstellung neben andern Vorstellungen, und ich bin ihr Träger wie der Träger der andern Vorstellungen. Ich habe eine Vorstellung von mir, aber ich bin nicht diese Vorstellung. Es ist scharf zu unterscheiden zwischen dem, was Inhalt meines Bewußtseins, meine Vorstellung ist, und dem, was Gegenstand meines Denkens ist. Also ist der

Satz falsch, daß nur das Gegenstand meiner Betrachtung, meines Denkens sein kann, was zum Inhalte meines Bewußtseins gehört. [73]

Nun ist der Weg frei, daß ich auch einen andern Menschen anerkennen kann als selbständigen Träger von Vorstellungen. Ich habe eine Vorstellung von ihm; aber ich verwechsele sie nicht mit ihm selbst. Und wenn ich etwas von meinem Bruder aussage, so sage ich es nicht von der Vorstellung aus, die ich von meinem Bruder habe.

Der Kranke, der einen Schmerz hat, ist Träger dieses Schmerzes; aber der behandelnde Arzt, der über die Ursache dieses Schmerzes nachdenkt, ist nicht Träger des Schmerzes. Er bildet sich nicht ein, dadurch den Schmerz des Kranken stillen zu können, daß er sich selbst betäube. Zwar mag dem Schmerze des Kranken eine Vorstellung im Bewußtsein des Arztes entsprechen; aber diese ist nicht der Schmerz und nicht das, was der Arzt auszulöschen bemüht ist. Möge der Arzt einen andern Arzt zuziehen. Dann ist zu unterscheiden: erstens der Schmerz, dessen Träger der Kranke ist, zweitens die Vorstellung des ersten Arztes von diesem Schmerze, drittens die Vorstellung des zweiten Arztes von diesem Schmerze. Diese Vorstellung gehört zwar zum Inhalte des Bewußtseins des zweiten Arztes, ist aber nicht Gegenstand seines Nachdenkens, vielleicht aber Hilfsmittel beim Nachdenken wie etwa eine Zeichnung ein solches Hilfsmittel sein kann. Beide Ärzte haben als gemeinsamen Gegenstand den Schmerz des Kranken, dessen Träger sie nicht sind. Es ist daraus zu ersehen, daß nicht nur ein Ding, sondern auch eine Vorstellung gemeinsamer Gegenstand des Denkens von Menschen sein kann, die diese Vorstellung nicht haben.

So, scheint mir, wird die Sache verständlich. Wenn der Mensch nicht denken und zum Gegenstande seines Denkens nicht etwas nehmen könnte, dessen Träger er nicht ist, hätte er wohl eine Innenwelt, nicht eine Umwelt. Aber kann das nicht auf einem Irrtume beruhen? Ich bin überzeugt, daß der Vorstellung, die ich mit den Worten »mein Bruder« verbinde, etwas entspricht, was nicht meine Vorstellung ist, und wovon ich etwas aussagen kann. Aber kann ich mich nicht darin irren? Solche Irrtümer kommen vor. Wir verfallen dann wider unsere Absicht in Dichtung. In der Tat! Mit dem Schritte, mit dem ich mir eine Umwelt erobere, setze ich mich der Gefahr des Irrtums aus. Und hier stoße ich auf einen weiteren Unterschied meiner Innenwelt von der Außenwelt. Daß ich den Gesichtseindruck des Grünen habe, kann mir nicht zweifelhaft sein, daß ich aber ein Lindenblatt sehe, ist nicht so sicher. So finden wir im Gegensatze zu weit verbreiteten Meinungen in der Innenwelt Sicherheit, während uns bei unsern Ausflügen in die Außenwelt der Zweifel nie ganz verläßt. Dennoch ist die Wahrscheinlichkeit auch hierbei in vielen Fällen von der Gewißheit kaum zu unterscheiden, sodaß wir es wagen können, über die Dinge der Außenwelt zu urteilen. Und wir müssen das sogar wagen auf die Gefahr des Irrtums hin, wenn wir nicht weit größeren Gefahren erliegen wollen.

Als Ergebnis der letzten Betrachtungen stelle ich Folgendes fest: Nicht alles ist Vorstellung, was Gegenstand meines Erkennens sein kann. Ich selbst bin als Träger von Vorstellungen nicht selber eine Vorstellung. Es steht nun nichts im Wege, auch andere Menschen als Träger von Vorstellungen, ähnlich mir selber anzuerkennen. Und wenn die Möglichkeit erst einmal gegeben ist, ist die Wahrscheinlichkeit [74] sehr groß, so groß, daß sie sich für meine Auffassung von der Gewißheit nicht mehr unterscheidet. Gäbe es sonst eine Geschichtswissenschaft? Würde sonst nicht jede Pflichtenlehre, nicht jedes Recht hinfällig? Was bliebe von der Religion übrig? Auch die Naturwissenschaften könnten nur noch als Dichtungen, ähnlich der Astrologie und Alchemie, bewertet werden. Die Überlegungen also, die ich angestellt habe voraussetzend, daß es außer mir Menschen gebe, die mit mir dasselbe zum Gegenstande ihrer Betrachtung, ihres Denkens machen können, bleiben im wesentlichen ungeschwächt in Kraft.

Nicht alles ist Vorstellung. So kann ich denn auch den Gedanken als unabhängig von mir anerkennen, den auch andere Menschen ebenso wie ich fassen können. Ich kann eine Wissenschaft anerkennen, an der Viele sich forschend betätigen können. Wir sind nicht Träger der Gedanken, wie wir Träger unserer Vorstellungen sind. Wir haben einen Gedanken, nicht, wie wir etwa einen Sinneseindruck haben; wir sehen aber auch einen Gedanken, nicht, wie wir etwa einen Stern sehen. Darum ist es anzuraten, hier einen besonderen Ausdruck zu wählen, und als solcher bietet sich uns das Wort »fassen« dar. Dem Fassen[1)] der Gedanken muß ein besonderes geistiges Vermögen, die Denkkraft entsprechen. Beim Denken erzeugen wir nicht die Gedan-

1) Der Ausdruck »Fassen« ist ebenso bildlich wie »Bewußtseinsinhalt«. Das Wesen der Sprache erlaubt es eben nicht anders. Was ich in der Hand halte, kann ja als Inhalt der Hand angesehen werden, ist aber doch in ganz anderer Weise Inhalt der Hand und ihr viel fremder, als die Knochen, die Muskeln, aus denen sie besteht, und deren Spannungen.

ken, sondern wir fassen sie. Denn das, was ich Gedanken genannt habe, steht ja im engsten Zusammenhange mit der Wahrheit. Was ich als wahr anerkenne, von dem urteile ich, daß es wahr sei ganz unabhängig von meiner Anerkennung seiner Wahrheit, auch unabhängig davon, ob ich daran denke. Zum Wahrsein eines Gedankens gehört nicht, daß er gedacht werde. »Tatsachen! Tatsachen! Tatsachen!« ruft der Naturforscher aus, wenn er die Notwendigkeit einer sicheren Grundlegung der Wissenschaft einschärfen will. Was ist eine Tatsache? Eine Tatsache ist ein Gedanke, der wahr ist. Als sichere Grundlage der Wissenschaft aber wird der Naturforscher sicher nicht etwas anerkennen, was von den wechselnden Bewußtseinszuständen von Menschen abhängt. Die Arbeit der Wissenschaft besteht nicht in einem Schaffen, sondern in einem Entdecken von wahren Gedanken. Der Astronom kann eine mathematische Wahrheit anwenden bei der Erforschung längst vergangener Begebenheiten, die stattfanden, als auf Erden wenigstens noch niemand jene Wahrheit erkannt hatte. Er kann dies, weil das Wahrsein eines Gedankens zeitlos ist. Also kann jene Wahrheit nicht erst mit ihrer Entdeckung entstanden sein.

Nicht alles ist Vorstellung. Sonst enthielte die Psychologie alle Wissenschaften in sich oder wäre wenigstens die oberste Richterin über alle Wissenschaften. Sonst beherrschte die Psychologie auch die Logik und die Mathematik. Nichts hieße aber die Mathematik mehr verkennen als ihre Unterordnung unter die Psychologie. Weder die Logik noch die Mathematik hat als Aufgabe, die Seelen und den Bewußtseinsinhalt zu erforschen, dessen Träger der einzelne Mensch ist. Eher könnte man vielleicht als ihre Aufgabe die Erforschung des Geistes hinstellen, des Geistes, nicht der Geister. [75]

Das Fassen der Gedanken setzt einen Fassenden, einen Denkenden voraus. Dieser ist dann Träger des Denkens, nicht aber des Gedankens. Obgleich zum Bewußtseinsinhalte des Denkenden der Gedanke nicht gehört, muß doch in dem Bewußtsein etwas auf den Gedanken hinzielen. Dieses darf aber nicht mit dem Gedanken selbst verwechselt werden. So ist auch Algol selbst verschieden von der Vorstellung, die jemand von Algol hat.

Der Gedanke gehört weder als Vorstellung meiner Innenwelt, noch auch der Außenwelt, der Welt der sinnlich wahrnehmbaren Dinge an.

Dieses Ergebnis, wie zwingend es sich auch aus dem Dargelegten ergeben mag, wird dennoch vielleicht nicht ohne Widerstand angenommen werden. Es wird Manchem, denke ich, unmöglich scheinen, von etwas Kunde zu erlangen, was nicht seiner Innenwelt angehört, außer durch Sinneswahrnehmung. In der Tat wird die Sinneswahrnehmung oft als die sicherste, ja sogar als die einzige Erkenntnisquelle für alles angesehen, was nicht der Innenwelt angehört. Aber mit welchem Rechte? Zur Sinneswahrnehmung gehört doch wohl als notwendiger Bestandteil der Sinneseindruck und dieser ist Teil der Innenwelt. Denselben haben zwei Menschen jedenfalls nicht, wenn sie auch ähnliche Sinneseindrücke haben mögen. Diese allein eröffnen uns nicht die Außenwelt. Vielleicht gibt es ein Wesen, das nur Sinneseindrücke hat, ohne Dinge zu sehen oder zu tasten. Das Haben von Gesichtseindrücken ist noch kein Sehen von Dingen. Wie kommt es, daß ich den Baum gerade dort sehe, wo ich ihn sehe? Offenbar liegt es an den Gesichtseindrücken, die ich habe, und an der besonderen Art von solchen, die dadurch zustande kommen, daß ich mit zwei Augen sehe. Auf jeder der beiden Netzhäute entsteht, physikalisch gesprochen, ein besonderes Bild. Ein Anderer sieht den Baum an derselben Stelle. Auch er hat zwei Netzhautbilder, die aber von meinen abweichen. Wir müssen annehmen, daß diese Netzhautbilder für unsere Eindrücke bestimmend sind. Demnach haben wir nicht nur nicht dieselben, sondern merklich voneinander abweichende Gesichtseindrücke. Und doch bewegen wir uns in derselben Außenwelt. Das Haben von Gesichtseindrücken ist zwar nötig zum Sehen der Dinge, aber nicht hinreichend. Was noch hinzukommen muß, ist nichts Sinnliches. Und dieses ist es doch gerade, was uns die Außenwelt aufschließt; denn ohne dieses Nichtsinnliche bliebe jeder in seiner Innenwelt eingeschlossen. Da also die Entscheidung im Nichtsinnlichen liegt, könnte ein Nichtsinnliches auch da, wo keine Sinneseindrücke mitwirken, uns aus der Innenwelt hinausführen und uns Gedanken fassen lassen. Außer seiner Innenwelt hätte man zu unterscheiden die eigentliche Außenwelt der sinnlich wahrnehmbaren Dinge und das Reich desjenigen, was nicht sinnlich wahrnehmbar ist. Zur Anerkennung beider Reiche bedürften wir eines Unsinnlichen; aber bei der sinnlichen Wahrnehmung der Dinge hätten wir außerdem noch Sinneseindrücke nötig, und diese gehören ja ganz der Innenwelt an. So ist dasjenige, worauf der Unterschied des Gegebenseins eines Dinges von dem eines Gedankens hauptsächlich beruht, etwas, was keinem der beiden Reiche, sondern der Innenwelt zuzuweisen ist. So kann ich diesen Unterschied nicht so groß finden, daß dadurch das Gegebensein eines der Innenwelt nicht angehörenden Gedankens unmöglich werden könnte. [76]

Freilich ist der Gedanke nicht etwas, was man wirklich zu nennen gewohnt ist. Die Welt des Wirklichen ist eine Welt, in der Dieses auf Jenes wirkt, es verändert und selbst wieder Gegenwirkungen erfährt und dadurch verändert wird. Alles das ist ein Geschehen in der Zeit. Was zeitlos und unveränderlich ist, werden wir schwerlich als wirklich anerkennen. Ist nun der Gedanke veränderlich, oder ist er zeitlos? Der Gedanke, den wir im pythagoräischen Lehrsatz aussprechen, ist doch wohl zeitlos, ewig, unveränderlich. Aber gibt es nicht auch Gedanken, die heute wahr sind, nach einem halben Jahre aber falsch? Der Gedanke z. B., daß der Baum dort grün belaubt ist, ist doch wohl nach einem halben Jahre falsch? Nein; denn es ist gar nicht derselbe Gedanke. Der Wortlaut »dieser Baum ist grün belaubt« allein genügt ja nicht zum Ausdrucke, denn die Zeit des Sprechens gehört dazu. Ohne die Zeitbestimmung, die dadurch gegeben ist, haben wir keinen vollständigen Gedanken, d. h. überhaupt keinen Gedanken. Erst der durch die Zeitbestimmung ergänzte und in jeder Hinsicht vollständige Satz drückt einen Gedanken aus. Dieser ist aber, wenn er wahr ist, nicht nur heute oder morgen, sondern zeitlos wahr. Das *Praesens* in »ist wahr« deutet also nicht auf die Gegenwart des Sprechenden, sondern ist, wenn der Ausdruck erlaubt ist, ein *Tempus* der Unzeitlichkeit. Wenn wir die bloße Form des Behauptungssatzes anwenden, das Wort »wahr« vermeidend, muß doch zweierlei unterschieden werden: der Ausdruck des Gedankens und die Behauptung. Die in dem Satze etwa enthaltene Zeitbestimmung gehört allein dem Ausdrucke des Gedankens an, während die Wahrheit, deren Anerkennung in der Form des Behauptungssatzes liegt, zeitlos ist. Zwar kann derselbe Wortlaut wegen der Veränderlichkeit der Sprache mit der Zeit einen andern Sinn annehmen, einen andern Gedanken ausdrücken; aber die Veränderung betrifft dann das Sprachliche.

Und doch! Welchen Wert könnte das ewig Unveränderliche für uns haben, das Wirkungen weder erfahren, noch auf uns haben könnte? Etwas ganz und in jeder Hinsicht Unwirksames wäre auch ganz unwirklich und für uns nicht vorhanden. Selbst das Zeitlose muß irgendwie mit der Zeitlichkeit verflochten sein, wenn es uns etwas sein soll. Was wäre ein Gedanke für mich, der nie von mir gefaßt würde! Dadurch aber, daß ich einen Gedanken fasse, trete ich zu ihm in eine Beziehung und er zu mir. Es ist möglich, daß derselbe Gedanke, der heute von mir gedacht wird, gestern nicht von mir gedacht wurde. Damit ist die strenge Unzeitlichkeit des Gedankens allerdings aufgehoben. Aber man wird geneigt sein, zwischen wesentlichen und unwesentlichen Eigenschaften zu unterscheiden und etwas als zeitlos anzuerkennen, wenn die Veränderungen, die es erfährt, nur die unwesentlichen Eigenschaften betreffen. Unwesentlich wird man eine Eigenschaft eines Gedankens nennen, die darin besteht oder daraus folgt, daß er von einem Denkenden gefaßt wird.

Wie wirkt ein Gedanke? Dadurch, daß er gefaßt und für wahr gehalten wird. Das ist ein Vorgang in der Innenwelt eines Denkenden, der weitere Folgen in dieser Innenwelt haben kann, die, auf das Gebiet des Willens übergreifend, sich auch in der Außenwelt bemerkbar machen. Wenn ich z. B. den Gedanken fasse, den wir im pythagoräischen Lehrsatze aussprechen, so kann die Folge sein, daß ich ihn [77] als wahr anerkenne, und weiter, daß ich ihn anwende, einen Beschluß fassend, der Beschleunigungen von Massen bewirkt. So werden unsere Taten gewöhnlich durch Denken und Urteilen vorbereitet. Und so können Gedanken auf Massenbewegungen mittelbar Einfluß haben. Das Wirken von Mensch auf Mensch wird zumeist durch Gedanken vermittelt. Man teilt einen Gedanken mit. Wie geschieht das? Man bewirkt Veränderungen in der gemeinsamen Außenwelt, die, von dem Andern wahrgenommen, ihn veranlassen sollen, einen Gedanken zu fassen und ihn für wahr zu halten. Die großen Begebenheiten der Weltgeschichte, konnten sie anders als durch Gedankenmitteilung zustande kommen? Und doch sind wir geneigt, die Gedanken für unwirklich zu halten, weil sie bei den Vorgängen untätig erscheinen, während das Denken, Urteilen, Aussprechen, Verstehen, alles Tun dabei Sache der Menschen ist. Wie ganz anders wirklich erscheint doch ein Hammer, verglichen mit einem Gedanken! Wie anders ist der Vorgang beim Überreichen eines Hammers, als bei der Mitteilung eines Gedankens! Der Hammer geht aus einem Machtbereich in einen andern über, er wird ergriffen, erfährt dabei einen Druck, dadurch wird seine Dichte, die Lagerung seiner Teile stellenweise geändert. Von alledem hat man beim Gedanken eigentlich nichts. Der Gedanke verläßt bei der Mitteilung das Machtgebiet des Mitteilenden nicht; denn im Grunde hat der Mensch keine Macht über ihn. Indem der Gedanke gefaßt wird, bewirkt er Veränderungen zunächst nur in der Innenwelt des Fassenden; doch bleibt er selbst im Kerne seines Wesens davon unberührt, da die Veränderungen, die er erfährt, nur unwesentliche Eigenschaften betreffen. Es fehlt hier das, was wir im Naturgeschehen überall erkennen: die Wechselwirkung. Die Gedanken sind nicht durchaus unwirklich, aber ihre Wirklichkeit ist ganz anderer Art, als die der Dinge. Und ihr Wirken wird ausgelöst durch ein Tun der Denkenden, ohne das sie wirkungslos wären, wenigstens soweit wir sehen können. Und doch schafft der Denkende sie nicht, sondern muß sie nehmen, wie sie sind. Sie können wahr sein, ohne von einem Denkenden gefaßt zu werden, und sind auch dann nicht ganz unwirklich, wenigstens wenn sie gefaßt und dadurch in Wirksamkeit gesetzt werden können.

Zu dieser Ausgabe

Textgrundlage dieser Ausgabe ist:

> Frege, Gottlob: Der Gedanke. Eine logische Untersuchung. In: Beiträge zur Philosophie des Deutschen Idealismus 1 (1918) Nr. 2. S. 58–77.

Die Originalpaginierung wird in eckigen Klammern wiedergegeben. Die Rechtschreibung und Zeichensetzung folgt der Vorlage buchstaben- und zeichengenau. Hervorhebungen, die im ansonsten in Fraktur gesetzten Originaltext durch Antiqua geschehen, werden durch Kursivierung wiedergegeben. Sonstige Eingriffe im Text (etwa wegen offensichtlicher Schreibversehen) sind im Folgenden aufgelistet. Vor dem Lemmazeichen] steht jeweils die verbesserte Form.

5.2 / 58.18 Ästhetik] Aesthetik
12.27 / 62.22 hat,] hat
16.29 / 64.25 zweitens,] zweitens
19.3 / 65.30 kommt,] kommt
22.24 / 67.29 angehört,] angehört
22.25 / 67.32 andern] anderm
23.8 / 67.40 so weit] soweit
26.4 / 69.18 ihn] ihm
31.13 / 78.28 gäbe] gebe
35.20 / 74,14 Gedanken] Gedanken,
36.16 / 74.28 f. mathematische] mathemathische
36.20 / 74.31 eines Gedankens] eines Gedanken

Doppelpaginierungen in den Anmerkungen und im Nachwort beziehen sich zuerst auf die vorliegende Ausgabe und danach auf die Originalausgabe.

8,5 *stereoskopisch:* Stereoskopie: Technik zur Wiedergabe von Bildern, um einen räumlichen bzw. dreidimensionalen Eindruck zu erzielen.

12,11 *Fragesätzen:* Eine in der Folge erwähnte *Wortfrage* ist etwa: »Was ist die Hauptstadt Kanadas?« Sie lässt sich als unvollständiger »Behauptungssatz« verstehen: »Die Hauptstadt Kanadas ist …«. Eine *Satzfrage* wäre dagegen: »Ist Ottawa die Hauptstadt Kanadas?«

14,22 *Stimmung:* Aus der Sichtweise der Neuen Phänomenologie handelt es sich bei Stimmungen allerdings nicht um rein subjektive Phänomene (vgl. Soentgen 1998, S. 66–73).

14,23 *»leider«, »gottlob«:* Eine neuere Analyse zeigt, dass mit solchen Wendungen durchaus Gedanken ausgedrückt werden, nämlich über die Einstellung zu dem so Kommentierten (vgl. Freitag 2014).

23,4 f. *mein ganzer Bewußtseinsinhalt … göttlichen Bewußtseins:* In dieser Wendung sieht Wyrwich (2017) Frege in der Nähe zu den hier angesprochenen spätidealistischen Vorstellungen. Gleich im nächsten Satz distanziert sich Frege jedoch deutlich.

24,21 f. *im pythagoräischen Lehrsatz:* In allen ebenen und rechtwinkligen Dreiecken ist die Summe der Flächeninhalte bzw. der Quadratsummen der Katheten (also den beiden Schenkeln des Dreiecks, die den rechten Winkel bilden) gleich der Quadrat der Länge der Hypotenuse (also der Seite des Dreiecks, die dem rechten Winkel gegenüberliegt): $a^2 + b^2 = c^2$

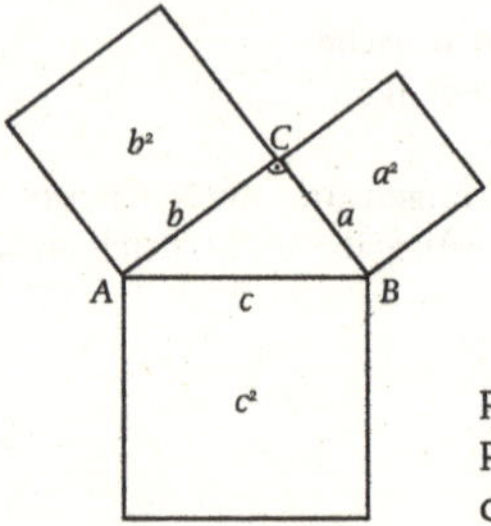

Rechtwinkliges Dreieck, Satz des Pythagoras (Wikimedia/Petrus3743 – CC BY-SA 4.0)

26,8 *drittes Reich:* Die Wendung war in der Literatur um die Entstehungszeit von *Der Gedanke* als Bezeichnung einer sowohl vom Physischen als auch vom Innerseelischen unterschiedenen Sphäre verbreitet und noch nicht politisch vergällt (vgl. Künne 2010, S. 504).

28,4 f. *Geschoß von 100 kg Gewicht:* Künne (2010, S. 508, Anm. 170) verweist auf den Ersten Weltkrieg als Hintergrund dieses militärischen Beispiels.

28,30 *Ganglienzellen:* Anhäufung von Nervenzellkörpern im peripheren (also außerhalb des Gehirns und des Rückenmarks gelegenen) Nervensystem, auch »Nervenknoten« genannt.

29,30–30,1 *Wenn in unserer ... auch wenn wir den Blitz selbst nicht sehen können:* Dass Lichtwahrnehmungen aufgrund unüblicher Reize (Phosphene) auch durch Gewitter verursacht werden können, wurde unlängst empirisch bestätigt (vgl. Peer/Kendl 2010).

30,20 f. *Und wenn der Forscher alle bloßen Annahmen fern halten will:* Dies klingt wie eine Wiedergabe der Maxime Isaac Newtons (1643–1727), des Begründers der klassischen Physik, keine Hypothesen zu ersinnen (*Hypotheses non fingo*). Vgl. Newton ²1713).

30,28 f. *Es ist mir so, als läge ich auf einem Liegestuhle:* Mit der hier beginnenden Schilderung spielt Frege offenbar auf »Machs berühmte Zeichnung seines monokularen Gesichtsfeldes« an (Künne 2010,

Zeichnung aus Ernst Machs *Antimetaphysische Vorbemerkungen.*

S. 510, mit Verweis auf Mach 1903, S. 15). Da Mach in jenem Werk die von Frege kritisierte Position vertritt, ist dies ein Hinweis darauf, mit wem er sich hier auseinandersetzt.

30,29 *gewichster:* blank polierter, geputzter.

31,2/31,6 *Verein von Gesichtseindrücken … Verein von Sinneseindrücken:* Frege spricht die Bündel-Theorie des Bewusstseins an, der zufolge das Bewusstsein nichts anderes ist als die Summe der jeweils in ihm enthaltenen Vorstellungen und es kein sich in deren Wechsel durchhaltendes Ich gibt (vgl. Künne 2010, S. 493).

34,17 *im Gegensatze zu weit verbreiteten Meinungen:* Dass im Hinblick auf die eigene Innenwelt sicheres Wissen gewonnen werden kann, war gerade im frühen 20. Jahrhundert umstritten. Dagegen wurden folgende Argumente angeführt: Das Bewusstsein könne sich nicht in einen beobachtenden und einen beobachteten Teil aufspalten; selbst wenn dies möglich wäre, würde das Ergebnis dabei verfälscht; außerdem kämen dabei keine Daten zustande, die sich objektiv nachprüfen ließen. Sich auf derartige Daten (»Input« und »Output«) zu beschränken, machte die einflussreiche Position des Behaviorismus aus (vgl. Witt 2017, bes. S. 6). Frege ist von diesen Argumenten nicht beeindruckt, da er hier zunächst in der Ersten-Person-Perspektive verbleibt, in der sie nicht verfangen.

35,8 *Alchemie:* Zweig der alten Naturphilosophie, der von der modernen Chemie und Arzneimittelkunde abgelöst wurde.

37,9 *Algol:* zweithellster Stern im Sternbild des Perseus.

41,17 *ein Hammer:* Dazu greift auch Martin Heidegger (1889–1976) im 1927 erschienenen *Sein und Zeit*, um in § 15 seinen Ansatz zu veranschaulichen. Während Heidegger den Hammer als Werkzeug in Aktion betrachtet, lässt ihn Frege wie eine Trophäe herumreichen.

Literaturhinweise

Die vorliegende Ausgabe soll einen ersten Zugang bieten und eine eigenständige Auseinandersetzung mit dem Text ermöglichen. Den Kontext erschließen die unten angegebenen Textausgaben und weiteren Schriften Freges, die in chronologischer Reihenfolge gelesen werden können.

Flankierende Einführungen in Freges Denken bieten von Kutschera 1989, Mayer 1996, Stepanians 2001 und Wille 2013.

Stuhlmann-Laeisz 1995 stellt die Argumentationsstruktur von *Ged* und der sich daran anschließenden Texte bündig dar.

Als Grundlage tieferdringender Studien zu *Ged* und zu Frege überhaupt empfiehlt sich Künne 2010. Er kommentiert *Ged* gemeinsam mit dem Vorwort zu *GGA I* und den weiteren »Logischen Untersuchungen« Freges in monographischer Breite auf ebenso ausführliche wie klare Weise im Hinblick auf systematischen Gehalt und werkimmanenten sowie geistesgeschichtlichen Hintergrund.

1. Textausgaben zu Gottlob Frege

Frege, Gottlob (*BAA*): Begriffsschrift und andere Aufsätze. Mit Edmund Husserls und Heinrich Scholz' Anmerkungen hrsg. von Ignacio Angelelli. Hildesheim / Zürich / New York ²2007.

– (*BaW*): Briefe an Ludwig Wittgenstein aus den Jahren 1914–1920. Hrsg. von Allan Janik, mit einem Komm. vers. von Christian Paul Berger. In: Grazer Philosophische Studien 33/34 (1989) S. 5–33.

– (*FFB*): Funktion – Begriff – Bedeutung. Hrsg. von Mark Textor. Göttingen ²2007.

– (*NS*): Nachgelassene Schriften. Unter Mitw. von Gottfried Gabriel und Walburga Rödding bearb., eingel. und mit Anm. vers. von Hans Hermes [u. a.]. Hamburg ²1983.

– (*WB*): Wissenschaftlicher Briefwechsel. Hrsg., bearb., eingel. und mit Anm. vers. von Gottfried Gabriel [u. a.]. Hamburg 1976.

II. Angeführte Texte von Gottlob Frege

Frege, Gottlob (*BG*): Begriff und Gegenstand [1892; zit. nach: der Originalpaginierung in *FFB*].
– (*BS*): Begriffsschrift, eine der arithmetischen nachgebildete Formelsprache des reinen Denkens [1879; zit. nach: der Originalpaginierung in *BAA*].
– (*FuB*): Funktion und Begriff [1891; zit. nach: der Originalpaginierung in *FFB*].
– (*GA*): Die Grundlagen der Arithmetik. Eine logisch arithmetische Untersuchung über den Begriff der Zahl [1884; mit einem Nachw. hrsg. von Joachim Schulte. Stuttgart 2011].
– (*Ged*): Der Gedanke. Eine logische Untersuchung [1918; zit. nach: der Originalpaginierung.]
– (*GGA*): Die Grundgesetze der Arithmetik. Begriffsschriftlich abgeleitet [1893/1903; Nachdr. Hildesheim 1962 (2 Bde. in einem Band)].
– (*SuB*): Sinn und Bedeutung. In: Zeitschrift für Philosophie und philosophische Kritik 100/101 (1892) S. 25–50 [auch in: *FFB* sowie als eigenständiger Text hrsg. und komm. von Uwe Voigt. Stuttgart [2]2021].
– (*T*): Gottlob Freges politisches Tagebuch. Mit Einl. und Komm. hrsg. von Gottfried Gabriel [u. a.]. In: Deutsche Zeitschrift für Philosophie 42 (1994) H. 6. S. 1057–1098.

III. Weitere Literatur

Beckermann, Ansgar: Analytische Einführung in die Philosophie des Geistes. Berlin / New York [3]2008.
Bengtson, Gisela [u. a.] (Hrsg.): New Essays on Frege. Between Science and Literature. Cham/Schweiz 2018.
Dathe, Uwe: »Zu sagen habe ich ja noch manches« – Gottlob Freges letzte Schriften im Spiegel unbekannter Briefe. In: Christiane Schildknecht [u. a.] (Hrsg.): Genese und Geltung. Für Gottfried Gabriel. Paderborn 2008. S. 33–43.

Demmerling, Christoph [u. a.] (Hrsg.): Frege: Aufsätze zur Logik und Sprachphilosophie. Berlin/Boston 2023. (Klassiker auslegen. 76.)

Deutsch, Harry / Marshall, Oliver: Alonzo Church. In: Stanford Encyclopedia of Philosophy. Winter 2023 Edition. https://plato.stanford.edu/archives/win2023/entries/church/ (gelesen am 11. 3. 2024).

Edmonds, David J. / Eidinow, John A.: Wie Ludwig Wittgenstein Karl Popper mit dem Feuerhaken drohte. Eine Ermittlung. Aus dem Engl. von Suzanne Gangloff, Angela Schmitz, Fee Engemann und Holger Fliessbach. Stuttgart/München 1991.

Felka, Katharina: Sind Zahlen schon deshalb Gegenstände, weil Frege zwei Hände hat? In: Demmerling 2023. S. 43–66.

Freitag, Wolfgang: Frege über »leider« und »gottlob«. In: Reichardt/Samans 2014. S. 161–174.

Friedrich, Marion / Rathmann, Joachim / Voigt, Uwe: Ego oder Öko? Narzissmus und die ökologische Krise. Stuttgart 2024.

Gabriel, Gottfried: Freges Analyse dichterischer Rede. In: Demmerling 2023. S. 135–148.

Heidegger, Martin: Sein und Zeit. Tübingen [16]1986.

Hylton, Peter / Kemp, Gary: Willard van Orman Quine. In: Stanford Encyclopedia of Philosophy. Winter 2023 Edition. https://plato.stanford.edu/archives/win2023/entries/quine/ (gelesen am 11. 3. 2024).

Kienzler, Wolfgang: Freges Anliegen und Strategie in *Über Begriff und Gegenstand*. In: Demmerling 2023. S. 171–198.

Kripke, Saul A.: Name und Notwendigkeit. Übers. von Ursula Wolf. Frankfurt a. M. 1981.

– Referenz und Existenz. Übers. von Uwe Voigt. Stuttgart 2014.

Künne, Wolfgang: Abstrakte Gegenstände. Semantik und Ontologie. Frankfurt a. M. [2]2007.

– Die Philosophische Logik Gottlob Freges. Ein Kommentar. Frankfurt a. M. 2010.

Kutschera, Franz von: Gottlob Frege – eine Einführung in sein Werk. Berlin 1989.

Liebrucks, Bruno: Sprache und Bewußtsein. Bd. 4: Die erste Revolution der Denkungsart. Kant: Kritik der reinen Vernunft. Frankfurt a. M. 1968.

Mach, Ernst: Die Analyse der Empfindungen und das Verhältnis des Physischen zum Psychischen. Jena [3]1903.

Mayer, Verena: Gottlob Frege. München 1996.

McGrath, Sean: Thinking Nature. An Essay in Negative Ecology. Edinburgh 2019.

McNeill, John R. / Engelke, Peter: The Great Acceleration. An Environmental History of the Anthropocene since 1945. Harvard 2015.

Morscher, Edgar: Propositionen, Sachverhalte und Welt 3. Baden-Baden 2019.

Newton, Isaac: The General Scholium to Isaac Newton's *Principia* ([2]1713). https://newtonprojectca.files.wordpress.com/2013/06/newton-general-scholium-1713-latin-text-letter-size.pdf (gelesen am 11. 3. 2024).

Nordmann, Alfred: The Age of Technoscience. In: A. N. [u. a.] (Hrsg.): Science Transformed? Debating Claims of an Epochal Break. Pittsburgh 2011. S. 19–30.

Peer, Josef / Kendl, Alexander: Transcranial Stimulability of Phosphenes by Long Lightning Electromagnetic Pulses. in: Physics Letters A 347 (2010) H. 29. S. 2932–2935.

Popper, Karl: Objective Knowledge. An Evolutionary Approach. Oxford 1973. (korr. Nachdr. von dass. [1]1972.)

Reichardt, Bastian / Samans, Alexander (Hrsg.): Freges Philosophie nach Frege. Paderborn 2014.

Scheier, Claus-Artur: Wittgensteins Kristall. Ein Satzkommentar zur »Logisch-philosophischen Abhandlung«. Freiburg i. Br. / München 1991.

Schlotter, Sven: Frege's Anonymous Opponent in *Die Verneinung*. In: History and Philosophy of Logic 27 (2006) S. 43–58.

Sellars, Wilfrid: Der Empirismus und die Philosophie des Geistes. Übers. von Thomas Blume. Paderborn 1999.

Sloterdijk, Peter: Eurotaoismus. Zur Kritik der politischen Kinetik. Frankfurt a. M. 1989.

Soentgen, Jens: Die verdeckte Wirklichkeit. Einführung in die Neue Phänomenologie von Hermann Schmitz. Bonn 1998.

Stepanians, Markus: Gottlob Frege zur Einführung. Hamburg 2001.

Stuhlmann-Laeisz, Rainer: Gottlob Freges *Logische Untersuchungen*. Darstellung und Interpretation. Darmstadt 1995.

– Gottlob Freges *Grundgesetze der Arithmetik*. Ein Kommentar des Vorworts, des Nachworts und der einleitenden Paragrafen. Paderborn 2020.

Voigt, Stefanie: Der Bewusstseins-Code. Universalwissen für Führungskräfte im Zeitalter der Digitalisierung. Deggendorf 2024.

Voigt, Uwe: Nachwort. In: Gottlob Frege. Über Sinn und Bedeutung. Hrsg. von U. V. Stuttgart [2]2021. S. 53–100.

Westerkamp, Dirk: Sachen und Sätze. Untersuchungen zur symbolischen Reflexion der Sprache. Hamburg 2014.

Wille, Matthias: Frege. Einführung und Texte. Paderborn 2013.

– »Largely unknown«. Gottlob Frege und der posthume Ruhm. Paderborn 2016.

– »alles in den Wind geschrieben«. Gottlob Frege wider den Zeitgeist. Paderborn 2020.

Witt, Harald: Introspektion als Zugangsmethode zu inneren psychischen Prozessen (2017). https://link. springer.com/referencework entry/10.1007/978-3-658-18387-5_36-1 (gelesen am 11. 3. 2024).

Wittgenstein, Ludwig: Werkausgabe. Bd. 1: Frankfurt a. M. 1984.

Wyrwich, Thomas: Absolutheit der Wahrheit und Transzendenz des Ich. Freges Beiträge zu Problemen der Klassischen deutschen Philosophie in *Der Gedanke*. In: Zeitschrift für philosophische Forschung 71 (2017) S. 223–248.

Zapf, Hubert / Schmidt, Matthias: Environmental Humanities – eine Einführung in den Band. In: H. Z. /M. S. (Hrsg.): Environmental Humanities. Beiträge zur geistes- und sozialwissenschaftlichen Umweltforschung. Göttingen 2021.

Nachwort

1. Einleitung: *Der Gedanke* – allein auf weiter Flur?

Lohnt es, sich Gedanken über Gedanken zu machen? Es tut sogar not. Denn sonst können wir es nicht begründen, wenn wir Vertrauen zueinander, gegenüber Einrichtungen wie Rechtsstaat, Religion und Wissenschaft und bei unserem Leben in der Umwelt hegen. Sonst drohen wir in einer Innenwelt gefangen zu bleiben, die von irrationalen Mächten beherrscht wird, und können uns selbst auf unsere Wahrnehmung in keinem Fall mehr verlassen.

Das macht jedenfalls Gottlob Frege in *Der Gedanke. Eine logische Untersuchung* geltend. Dieser 1918 noch vor Ende des Ersten Weltkriegs verfasste und im ersten Band der Zeitschrift *Beiträge zur Philosophie des Deutschen Idealismus* erschienene Beitrag gilt mittlerweile auch im angelsächsischen Raum als ein grundlegender, wenngleich umstrittener Text der Philosophie in ihrer weitverbreiteten analytischen Gestalt. Noch dazu ist jener Text auf den ersten Blick leicht zugänglich, da er, um größtmögliche Verständlichkeit bemüht, auf Formelwerk und unerklärte Fachausdrücke verzichtet. Es lohnt sich also, sich mit *Der Gedanke* zu befassen.

Orientiert man sich allerdings am Stand der Forschung,[1] mag *Der Gedanke* auf einen zweiten Blick weniger ein-

1 Die Erwartung, dass Frege an diesen Standard gebunden sein könnte und daher etwa seine Quellen in heute üblicher Weise darlegen müsste, lässt sich zu Recht als naiv bezeichnen; vgl. Schlotter 2006, S. 43.

leuchten. Steht dieser Beitrag doch allem Anschein nach bildlich gesprochen allein auf weiter Flur, sogar isoliert auf vielen verschiedenen Feldern: Nach einem Jahrzehnt, in dem er kaum an die Öffentlichkeit getreten war, bezieht sich Frege in *Der Gedanke* zumindest ausdrücklich weder auf einen seiner früheren Texte noch auf irgendwelche andere Literatur.

Ob und wie *Der Gedanke* sich in dem Reigen von Teildisziplinen verorten lässt, in die sich die Philosophie gegliedert hat, bleibt auch aus inhaltlichen Gründen zunächst offen. Frege lässt zwar eine Fülle von Themen aus verschiedenen Gebieten anklingen: Wissenschaftstheorie (wie verhalten sich Ästhetik, Ethik und Logik zueinander?), Wahrheitstheorie (was ist Wahrheit, und lässt sie sich definieren?), Sprachphilosophie (welche Arten von Sätzen gibt es, worin äußert sich die behauptende Kraft von Aussagesätzen, und wie verhalten sie sich auch unter besonderen Umständen zu den von ihnen ausgedrückten Gedanken?), Philosophie der Psychologie (was sind Vorstellungen und in welchem Verhältnis stehen sie zu Gedanken?), Erkenntnistheorie (welchen Beitrag zur Erkenntnis leisten jeweils Vorstellungen und Gedanken, und lässt sich eine bewusstseinsunabhängige Welt sowie fremder Geist überhaupt erkennen?) und Ontologie (was sind Gedanken, und in welchem Sinn lassen sie sich als wirklich bezeichnen?).

Zudem streift Frege, wenn er nach dem Grund für die Anerkennung anderer Personen und grundlegender Institutionen fragt, die Gebiete der praktischen Philosophie und der philosophischen Anthropologie. Gemäß Untertitel geschieht all das im Rahmen einer »logischen Untersuchung«, also einem Beitrag zur Philosophie der Logik. Kurz:

Der Eindruck kann aufkommen, es werde eine pralle Themenfülle geboten, bei der es jedoch unklar bleibt, aus welchem Zusammenhang heraus sie zu verstehen ist.

Dieser Eindruck schwindet, wenn der Blick sich weitet: *Der Gedanke* steht am Anfang einer Reihe von weiteren »logischen Untersuchungen«, die Frege vor seinem 1925 erfolgten Tod nicht abschließen konnte. Mit dieser Reihe lässt Frege in gewandelter Form ein Projekt wieder aufleben, dessen vorläufiges Scheitern mit zu dem langen Schweigen beigetragen hat, das Frege mit *Der Gedanke* brechen sollte.

Jenes Projekt, der Logizismus,[2] soll aufweisen, dass die Logik nicht nur formal, sondern auch inhaltlich eine Grundlagenwissenschaft ist. Frege wollte zuvor zeigen, dass sich aus Logik die Grundbegriffe der Arithmetik, also dem Rechnen mit Zahlen, gewinnen lassen. Nun bemüht er sich um den Nachweis, dass Logik die »Gesetze des Wahrseins« und damit die formalen Richtlinien für Wissenschaft – zumindest für »strenge« Wissenschaft nach seinem Verständnis – überhaupt erschließt. Dieses Vorhaben verleiht *Der Gedanke* bei aller thematischer Vielfalt und scheinbarer Bezugslosigkeit innere Einheit und Anschlussfähigkeit.

Damit leistet Frege zweierlei: Zum einen schafft er einen eigenständigen Text, der zum anderen als ein Gelenkstück zwischen seinem bisherigen Werk und dessen geplanter Aufnahme in gewandelter Gestalt dient. Freges Neuansatz besteht dabei darin, dass er einige bisherige Ergebnisse wiederverwendet, aber so, dass er die Gründe des vorausgegangenen Fehlschlags dabei vermeidet.

2 Vgl. Künne 2010, S. 20–24.

Daher lässt sich *Der Gedanke* am besten (s. Abschnitt II) von dem Gedankengang her verstehen, der Frege zu ihm geleitet hat und der ihn (s. III) zu einem bestimmten Ansatz und einem entsprechenden Aufbau für jenen Text führt, von dem er sich Ergebnisse erhofft.[3]

Die Durchführung jenes Ansatzes wird in diesem Nachwort mit Blick auf den Aufbau, aber nicht detailliert Schritt für Schritt betrachtet, geht sie doch aus dem hier abgedruckten Beitrag und den Stellenkommentaren hervor, die auch Angaben zu externen Bezügen bieten. Einem Blick auf die Rezeptionsgeschichte (s. Abschnitt IV) folgt eine Schlussbetrachtung (s. Abschnitt V), die zeigen soll, dass eine Auseinandersetzung mit *Der Gedanke* auch und gerade in der gegenwärtigen Krise an der Zeit ist.

II. Freges Weg zu *Der Gedanke*

> Von der Mathematik ging ich aus. In dieser Wissenschaft schien mir die dringlichste Aufgabe in einer besseren Grundlegung zu bestehen.[4]

Freges akademischer Weg beginnt mit Qualifikationsschriften auf dem Gebiet der Mathematik: In diesen Schriften zeigt sich bereits seine Neigung zu grundsätzlichem Fragen und eigenständigem Denken:[5] Frege will Probleme von den jeweils obersten Grundsätzen aus angehen, und

3 Dieser Blick auf »Anliegen und Strategie« bei Frege ist inspiriert von Kienzler 2023.

4 *NS*, S. 273 (aus den »Aufzeichnungen für Ludwig Darmstaedter«, Juli 1919).

5 Zum Folgenden vgl. *KS*, S. 1 f., 50.

um diese Grundsätze klar zu fassen, wagt er es, einer bedeutenden Autorität zu widersprechen, nämlich Immanuel Kant (1724–1804):[6] Dieser lässt in seiner *Kritik der reinen Vernunft*[7] unter dem Titel der transzendentalen Ästhetik (in der es um die Grundlagen und Grenzen der Wahrnehmung geht) Arithmetik und Geometrie in den reinen Formen des Anschauungsvermögens vor jeder Erfahrung gründen.[8] Arithmetik beruht demnach auf der Zeit als innerer Anschauung, in der wir einzelne aufeinanderfolgende, voneinander unterschiedene bzw. diskrete Einheiten und deren Zusammenhang gegeben bekommen; Geometrie wiederum fußt so gesehen auf der äußeren Anschauung, der Raumerfahrung und den in ihr eingeschriebenen Prinzipien der euklidischen Geometrie (die als unumstößliche Grundlage galten).

Beide Zweige der Mathematik bieten demzufolge Erkenntnisse *a priori*, vor jeder konkreten Erfahrung; und diese Erkenntnisse mehren unseren Wissensstand, da das Wissen um in der Anschauung erschlossenen Zusammenhänge das Wissen um die zusammenhängenden Elemente übersteigt. In dem von Kant angesetzten Sinn, in dem ein Urteil dann *synthetisch* ist, wenn das logische Prädikat (das, was ausgesagt wird) nicht im logischen Subjekt (von dem etwas ausgesagt wird) enthalten ist, sondern informationsstiftend hinzukommt, sind solche Erkenntnisse zugleich auch synthetisch.

Was die Geometrie betrifft, stimmt Frege Kant zu. Hin-

6 Vgl. Künne 2010, S. 20.
7 *KrV* A 1781 / B 1787.
8 Vgl. Kants *KrV* B19–73 / A19–49.

sichtlich der Arithmetik wendet Frege jedoch ein: Diese Disziplin befasst sich mit abstrakten Größen, allen voran den natürlichen Zahlen. Sie können nicht auf Anschauung beruhen, zumal sich im mathematischen Umgang mit ihnen auch nicht der von Kant behauptete Zeitbezug zeigt.

An diesem Urteil ändert auch der zu Freges Zeit aktuelle bzw. empiristische, d. h. sich ausschließlich auf Erfahrungen beziehende Ansatz nichts. Dieser begreift Anschauungsgehalte als konkrete Objekte, die einer einzelwissenschaftlichen, in diesem Fall vom Einzelnen nach innen gerichteten bzw. introspektiven Erfahrung zugänglich sind. Als eine solche Einzelwissenschaft wäre die Psychologie für die Grundlegung der Mathematik zuständig. Diese Position bzw. den Psychologismus lehnt Frege jedoch durchgängig und entschieden ab, wie sich auch in *Ged* zeigt.

Worin aber gründet die Arithmetik, wenn nicht in einer Anschauungsform? Um diese Frage beantworten zu können, orientiert sich Frege in seiner Schrift *Die Grundlagen der Arithmetik* (1884) am Sprachgebrauch.[9] Der Umgangssprache entnimmt Frege den Hinweis darauf, dass die natürlichen Zahlen abstrakte *Gegenstände* sind, auf die wir uns mit Hilfe des bestimmten Artikels (»*die* Zahlen«) beziehen können.

Wie lassen sich Zahlen als Gegenstände – und Gegenstände als solche – weiter charakterisieren? Für Frege sind Begriffsbestimmungen jeweils nur im spezifischen Zusammenhang möglich (so lautet sein berühmtes Kontextprinzip[10]). Um auf die oben genannten Fragen Antworten zu

9 Vgl. *GL*, § 52.
10 Ebd., S. 23.

finden, besinnt sich Frege deshalb auf die Art von Sprache, die sich auf ausgezeichnete Weise mit Zahlen befasst. Zu seiner Zeit meint das, die bereits hochgradig formalisierte Sprache der Algebra, die sich mit den Eigenschaften von Rechenoperationen beschäftigt. Im Rahmen dieser Sprache lassen sich Folgerungen vollziehen, die von Allgemeingültigkeit und Notwendigkeit geprägt sind.

Gibt es nun eine Sprache, die noch einmal übergeordnet ist und die also Auskunft über die Bestimmung von Gegenständen im Allgemeinen und über die Verortung von arithmetischen Gegenständen im Besonderen geben könnte?

Diese Sprache glaubt Frege in der Sprache der Logik zu finden: Ist es doch auch Aufgabe der Logik, die formale Gültigkeit von Folgerungen allgemein aufzuweisen, und dies (zunächst) ohne besonderen Bezug zu den Gegenständen der Arithmetik.

Allerdings ist die Sprache der Logik zur Zeit Freges noch nicht so weit entwickelt, dass sie ihre eigenen Gegenstände und deren Folgerungsbeziehungen auch auf eine rein formale Weise darstellen könnte. Dies betrifft sowohl die Aussagenlogik, die sich mit den formalen Zusammenhängen ganzer Aussagen beschäftigt, deren sprachliche Wiedergabe Frege in *Der Gedanke* als »Behauptungssätze« bezeichnet. Dies gilt aber auch für die Prädikatenlogik, die solche formalen Zusammenhänge auch unterhalb der Satzebene anhand der in Aussagen enthaltenen Quantifikationen wie »alle« oder »einige« untersucht. Oder anders ausgedrückt: Logik ist noch nicht das, als was Gottfried Wilhelm Leibniz (1646–1716), auf den Frege sich wiederholt beruft, sie anlegen wollte: ein *calculus ratiocinator* (ein Algorithmus, der das logische Schließen formalisiert und so zum Ausrechnen von logischen Schlüssen führt) und eine *lingua characterica* (eine Sprache, deren Symbole sich auf die Gegenstände der Logik und deren logische Verknüpfungen beziehen).

Auf das von Leibniz erwünschte Niveau hebt Frege die Aussagen- und Prädikatenlogik mit deren vollständiger Formalisierung 1879, mit einer Arbeit unter dem aufschlussreichen Titel *Begriffsschrift, eine der arithmetischen nachgebildete Formelsprache des reinen Denkens.* Dass Frege mit dieser Formalisierung der Logik die Arithmetik an die Logik anbinden möchte, deutet er im Vorwort an:

> Von hier aus lässt sich [...] mit der grössten Aussicht auf Erfolg eine Ausfüllung der Lücken der bestehenden Formelsprachen, eine Verbindung ihrer bisher getrennten Gebiete zu dem Bereiche einer einzigen und eine Ausdehnung auf Gebiete ins Werk setzen, die bisher einer solchen ermangelten.[11]

Die von Frege entwickelte, Abhängigkeitsverhältnisse in zweidimensionalen Linienmustern ausdrückende logische »Formelsprache« besteht aus Elementen von einem dreifachen Typ: einem pragmatischen, der ein sprachliches Handeln zum Ausdruck bringt; einem syntaktischen, der für die Verknüpfung der Elemente steht; sowie einem semantischen, der Inhaltliches wiedergibt.[12]

1. Das pragmatische Element symbolisiert ein kleiner

11 *BS*, S. XII. Dass er damit implizit bereits das Programm des Logizismus verfolgt, sagt Frege später in *GG* I, S. VIII.

12 Zum Folgenden vgl. Held 2005, Kap. 2, und Künne 2010), Kap. III.1.

senkrechter Strich, den Frege zunächst als Urteilsstrich bezeichnet und der dafür steht, dass etwas als wahr behauptet wird.

2. Die Grundlage der Wiedergabe der syntaktischen Verknüpfungen bildet ein längerer waagrechter Strich, den Frege zunächst »Inhaltsstrich« nennt und später einfach als »Waagerechten« bezeichnet.

Dieser Abstraktionsoperator behandelt ein zur logischen Verknüpfung vorgegebenes Element ausschließlich im Hinblick auf seinen propositionalen Gehalt, also auf das, was mit diesem Element behauptet werden kann. Grob lässt sich dieser Operator mit dem Ausdruck »dass« wiedergeben. Damit wird Bezug genommen auf das, was an einer Vorgabe wahr oder falsch sein kann, und zwar so, dass das Gebilde aus waagrechtem Strich und Vorgabe selbst wahr ist, wenn die Vorgabe wahr ist. In jedem anderen Fall ist sie dagegen falsch.

Eine Vorgabe, die wahr sein kann, nennt Frege in seinen vorausgehenden Werken einen begrifflichen oder beurteilbaren Gehalt und meint damit zweierlei: nämlich 1. dasjenige, was er nun als Gedanken bezeichnet, und 2. die Behauptung seiner Wahrheit oder Falschheit (seines »Wahrheitswerts«).[13] Zur Falschheit führen bei jenem Operator unwahre Gedanken sowie alle Vorgaben, bei denen es sich nicht um Gedanken handelt.

Frege veranschaulicht diese Zusammenhänge mit folgendem Beispiel: Aus dem Inhalt »dass die ungleichnamigen Magnetpole sich anziehen«, dem der Urteilsstrich voranzustellen wäre, wird durch die Vorschaltung des kleinen

13 Vgl. *GG* I, S. X.

senkrechten Strichs die Behauptung »die ungleichnamigen Magnetpole ziehen sich an«. Jener Inhalt selbst lässt sich durch einen großen griechischen Buchstaben wiedergeben. So kommt es zu dieser Formel: |— *A*.[14]

Der waagerechte Strich steht somit exemplarisch für diejenige Struktur, aus der Frege auch die gesamte restliche Syntax seiner Formelsprache aufbaut: nämlich für eine Funktion. Auch in *Funktion und Begriff* (1891), *Über Sinn und Bedeutung* sowie *Über Begriff und Gegenstand* (beide 1892), also in seinen Texten, die die *Grundgesetze der Arithmetik* begleiten, vertieft Frege auch das Verständnis dessen, was in der Mathematik schon länger unter dem Begriff »Funktion« bekannt ist: Eine Funktion ordnet einem vorgegebenen Gegenstand (Argument) eindeutig einen bestimmten anderen Gegenstand (Wert) zu. Die so verstandene Funktion weist mindestens eine Lücke oder Unbestimmtheit auf, so dass mindestens ein Argument eingesetzt werden und dadurch zu einem Wert führen kann. Die quadratische Funktion hat demnach folgende Form: »… ist das Quadrat von …«. Wenn etwa in die erste Leerstelle ein Zeichen für die Zahl 2 eingesetzt wird, ist in die zweite Leerstelle ein Zeichen für die Zahl 4 einzutragen. Dies steht wiederum dafür, dass die Funktion selbst als abstrakte Beziehung eben eine Beziehung zwischen diesen beiden Zahlen als abstrakten Gegenständen ist.

Für Frege kann dabei jeder Gegenstand als Argument einer Funktion dienen, so dass diese für jeden beliebigen Gegenstand auch einen entsprechenden Wert ergeben können muss. Jeder Gegenstand ist daher im Gegensatz zu ei-

14 Vgl. *BS*, § 2, S. 2.

ner Funktion voll bestimmt, das heißt, es steht fest, mit welcher Funktion er jeweils welchen Wert erbringt. Nichts hindert jedoch daran, dass eine solche Funktion mehrere freie Stellen aufweist, modern gesprochen also eine mehrstellige Relation ist.

Mit anderen Worten: Während die klassische Logik die kleinste wahrheitsfähige Einheit – das Urteil – lediglich als eine Verknüpfung zwischen einem logischen Subjekt und einem logischen Prädikat verstand, überwindet Frege dieses aus der Umgangssprache entnommene Schema.

Auch andere rein grammatische Vorgaben wie Wendungen im Aktiv oder Passiv werden von der Begriffsschrift ausgefiltert.

Die logische Form emanzipiert sich dadurch von der einzelsprachlichen Grammatik. Schon in seiner *Begriffsschrift* setzt sich Frege damit das Ziel, »die Herrschaft des Wortes über den menschlichen Geist zu brechen«, indem er »den Gedanken von demjenigen befreit, womit ihn allein die Beschaffenheit des sprachlichen Ausdrucksmittels behaftet«.[15]

Weitere syntaktische Elemente und damit Funktionen für Frege: die Negation, die materiale Implikation (ein Junktor, also eine formale Verbindung zwischen Aussagen, die in diesem Fall den so gefügten Komplex nur dann falsch sein lässt, wenn das erste wahr und das zweite falsch ist, und in jedem anderen Fall zu einer wahren Gesamtverbindung führt) und der Allquantor (»für alle x gilt, dass ...«). Frege selbst bemerkt übrigens schon, dass die materiale Implikation nicht in jedem Fall das umgangssprachliche »wenn ... dann« wiedergibt. Problemlos tut sie dies für

15 *BS*, S. VI–VII.

Wendungen wie »Wenn der Mond in Quadratur [d. h. in einer bestimmten Position zur Sonne, U. V.] steht, so erscheint er als Halbkreis.«[16] Infolge astronomischer Gesetzmäßigkeiten tritt der Fall, dass der Mond als Halbkreis erscheint, aber nicht in Quadratur steht, nicht ein; daher ist diese »wenn ... dann«-Aussage wahr. Wahr ist auch die Aussage »Wenn die Sonne scheint, dann ist 3 × 7 = 21«, aber aus einem rein formalen Grund, da die Teilaussage »3 × 7 = 21« niemals falsch ist.[17] Daran zeigt sich, dass der aus der Umgangssprache gewohnte inhaltliche Zusammenhang von Teilaussagen bei der Formalisierung hier nicht berücksichtigt wird.

Mit diesen Elementen lassen sich Schlussverfahren der Aussagenlogik und der Prädikatenlogik formalisieren: Alle anderen Junktoren können durch wiederholte Kombinationen von Negation und materialer Implikation erzeugt werden. So lässt sich die »... und ...«-Verknüpfung beispielsweise als »nicht: wenn B, dann nicht A« wiedergeben; und der Existenzquantor (»es gibt mindestens ein x, für das gilt ...«) ist äquivalent mit der Abfolge Negation – Allquantor – Negation (»es trifft nicht zu, dass für alle x gilt, dass nicht ...«).

3. Die semantischen Elemente, die in diese Verknüpfungen eingehen, können, wie schon gesehen, als Variablen oder Konstanten für Beliebiges stehen; die entsprechenden Komplexe sind jedoch nur dann, wenn sie Gedanken bezeichnen, wahrheitsfähig.

Während die Aussagenlogik jene Elemente als Einheiten

16 *BS*, § 5, S. 6.
17 Ebd., § 5, S. 5.

behandelt, fächert die Prädikatenlogik sie auf eine Weise auf, die Frege wieder im Zeichen der Funktion deutet: Was jeweils quantifizierend, also mit Bezugnahme auf »einiges« oder »alles« ausgesagt wird, ist das Eingehen als Argument in eine Funktion. Begriffe stellen sich so als ein Sonderfall von Funktionen dar: nämlich als diejenigen Funktionen, die bei entsprechenden Einsetzungen zu wahren oder falschen Urteilen führen und mithin dem Ausdruck eines Gedankens dienen. Begriffe sind so gesehen Wahrheitsfunktionen.

Allein diese Formalisierung der Logik stellt eine bahnbrechende Leistung dar. Für Frege ist dies jedoch nur eine Vorarbeit auf dem Weg zu dem Ziel, Arithmetik auf Logik zurückzuführen und dabei die Grundlagen der Arithmetik als analytisch zu erweisen. Nach der Trennung zwischen grammatischer und logischer Form lässt sich Analytizität nun nämlich umfassender verstehen – nicht nur als Sonderfall des Enthaltenseins eines logischen Prädikats in einem logischen Subjekt, sondern allgemein als Ableitbarkeit aus obersten logischen Prinzipien.[18]

Wenn eine solche Ableitbarkeit festgestellt wird, kann das eine bedeutsame Erkenntnis nach sich ziehen. Und weil es der Logik um Begriffe geht, lässt sie sich mit Zahlen in Verbindung bringen, sofern Begriffe, wie Frege eigens noch einmal in *Funktion und Begriff* darlegt, als eine besondere Art von Funktionen zu verstehen sind: nämlich mittels der Anzahl von Gegenständen, die als Werte der jeweiligen Funktion zugeordnet werden können. Vom logischen Kon-

18 *GL*, § 3.

zept des Begriffs scheint demnach eine Brücke hin zum arithmetischen Grundbegriff der Anzahl zu führen.

Freges Arbeit am Begriff stellt sich demnach als eine Untersuchung von Funktionen dar, deren Ergebnisse er in *Über Sinn und Bedeutung* vorlegt.[19] Am »beurteilbaren Inhalt« betont er nun zum einen den Bezug des jeweils gebrauchten Zeichens zu einem Gegenstand, und bezeichnet diesen Gegenstand (das Referenzobjekt) als »Bedeutung«.

Hier schwingt eine Nebenbedeutung von Relevanz mit, da es für Frege in Wissenschaften immer auch um gesicherten Gegenstandsbezug geht.

Zum anderen gibt ein Zeichen einen Gegenstand jeweils auf besondere Weise, wie Frege an dem berühmten Beispiel von »Morgenstern« und »Abendstern« erläutert, die mit dem Planeten Venus dasselbe Bezugs- bzw. Referenzobjekt (für Frege: dieselbe Bedeutung) haben, aber für eine je unterschiedliche »Art des Gegebenseins« dieses Himmelskörpers (für Frege: der Sinn) stehen.[20]

Dieses Beispiel erlaubt es zu erklären, warum einige Identitätsurteile wie »Der Morgenstern ist der Abendstern« nicht tautologisch, sondern informativ sind: In diesen Urteilen wird erkannt, dass zwei sinnverschiedene Ausdrücke dasselbe Referenzobjekt haben. Dies gilt auch für arithmetische Gleichungen. Und das spricht für Frege erneut dafür, dass analytische Urteile informativ sein können.

Diesen Punkt handelt Frege zunächst auf der Ebene der singulären Terme (also auf der Ebene sprachlicher Ausdrücke, die sich auf einen einzigen Gegenstand beziehen) ab.

19 Zum Folgenden vgl. Voigt 2021, S. 64–90.
20 *SuB*, S. 6.

Dabei macht er keinen prinzipiellen Unterschied zwischen Eigennamen und Kennzeichnungen. Er geht vielmehr davon aus, dass Eigennamen wie »Aristoteles« sich durch Kennzeichnungen wie »der Lehrer Alexanders des Großen« ersetzen lassen und diese Kennzeichnungen dem Eigennamen auch jeweils einen Sinn verleihen. (Diese These über das Verhältnis zwischen Eigennamen und Kennzeichnungen wird heute als *Deskriptivismus* bezeichnet.)

Das, was Frege auf diese Weise im Bereich unterhalb der Satzebene erarbeitet hat, überträgt er auf die Ebene des ganzen Urteils. Außerhalb von intensionalen Kontexten (also außerhalb von Kontexten, die den Bezug zum Ausgesagten in der Aussage selbst thematisieren, wie etwa Aussagen des Meinens) bleibt dann, wenn bedeutungsgleiche logische Elemente gegeneinander ausgetauscht werden, etwas gleich: Die Wahrheit oder Falschheit des entsprechenden Urteils ändert sich nicht. Das, was ein Urteil wahr oder falsch macht, erweist sich also ebenfalls als eine Funktion, deren Wert im Wahrsein oder Falschsein des Urteils besteht.

Da ein Wert jeweils ein Gegenstand ist, ergibt sich für Frege daraus, dass es sich bei den Wahrheitswerten eines Urteils als »dem Wahren« oder »dem Falschen« ebenfalls um abstrakte Gegenstände handelt, auf die sich das Urteil als Ganzes bezieht. Jedes Urteil drückt demnach einen Gedanken aus, der uns das Wahre oder das Falsche auf eine besondere Art gibt; dieser Gedanke ist daher der Sinn des Urteils und ergibt sich ebenso funktional aus dem jeweiligen Sinn der Elemente des Urteils (die Begriffe »Sinn« und »Bedeutung« versteht Frege dabei wie gesagt auf seine jeweils eigene Weise).

Nun wird auch deutlich, warum Frege nach seiner *Begriffsschrift* Gedanken und ihre Wahrheitswerte, nicht aber Begriffe als Kernthemen der Logik in den Blick nimmt: Gedanken und Wahrheitswerte sind Gegenstände und als solche vollständig bestimmt. Wir können daher mit singulären Termen auf sie Bezug nehmen.

Begriffe als Funktionen sind für Frege jedoch etwas wesentlich Ungesättigtes, nicht voll Bestimmtes. Daher sind Begriffe immer nur prädikativ in den Urteilen am Werk, in denen sie verwendet werden; sie können nicht mit singulären Termen wiedergegeben werden. Frege zieht daraus die Konsequenz: »Der Begriff ›Pferd‹ ist kein Begriff«[21] – was insofern nachvollziehbar ist, weil wir dann nicht etwas als Pferd bezeichnen wollen, wenn wir über den Begriff des Pferds sprechen. Über einen Begriff sprechen können wir, so Frege, daher nur, indem wir über einen Gegenstand sprechen, der den Begriff repräsentieren kann, weil der Begriff eng mit dem Gegenstand verbunden ist. Eine solche Repräsentanz braucht Frege für sein logizistisches Projekt, in dem es ja darum geht, Zahlen aus Begriffen abzuleiten.

Dafür ist nun anscheinend alles vorbereitet. 1893 erscheint Freges erster Band seines seit langer Zeit vorbereiteten Hauptwerks *Grundgesetze der Arithmetik*.[22] Wie einst Euklid (3. Jh. v. Chr.) für die Geometrie, will Frege in seinem Werk für die Arithmetik Axiome (erste Prinzipien) aufstellen, aus denen sich alle arithmetischen Theoreme (Folgesätze) ableiten lassen sollen.

21 *BuG*, S. 196. Vgl. dazu Künne 2010, S. 227–235.
22 Zum Folgenden vgl. Stuhlmann-Laeisz 2020.

Vier Jahre zuvor hatte der italienische Mathematiker Guiseppe Peano (1858–1932) bereits Axiome der Arithmetik benannt, die definitorisch-setzenden Charakter haben: Durch die Festlegung dessen, was die Zahl Null ist, wie die Nachfolgerelation beschaffen ist und wie sich daraus weitere arithmetische Größen ableiten lassen, scheint jene Disziplin hier auf festen Grund gestellt worden zu sein.

Frege ist der Überzeugung, dass dies besser geht: Definitionen schaffen keine neuen Erkenntnisse und stiften keinen eigenen Gegenstandsbezug, sondern setzen bestenfalls bereits Bekanntes unter einen neuen Titel – andernfalls, so Freges Beispiel, ließe sich ein fauler Schüler einfach zu einem fleißigen umdefinieren, ohne dass sich etwas in der Realität geändert hätte.[23]

Daher will Frege seine Axiome nicht einfach durch Definition gewinnen. Auch kann es sein, dass sich philosophisch interessante Begriffe wie derjenige der Wahrheit gar nicht definieren lassen: Dazu müssten sie nämlich aus Merkmalen zusammengesetzt sein, die für Eigenschaften der unter sie fallenden Gegenstände stehen. Aus diesem Grund entziehen sich einfache Begriffe der Definition.

Glücklicherweise, meint Frege, müssen die Axiome der Arithmetik aber auch nicht erst gesetzt werden, da sie sich aus Grundsätzen der Logik gewinnen lassen. Diese Grundsätze handeln zwar nicht von arithmetischen Größen, sie enthalten aber – als Funktionen verstanden – Variablen, die durch entsprechende Einsetzungen zum Bereich der Arithmetik führen können. So will Frege seine *Grundgesetze der Arithmetik* aus logischen Prinzipien gewinnen. Sollte dies

23 Ebd., S. XIV.

gelingen, wäre die Arithmetik auf Logik reduziert worden. Dieses Vorhaben lässt sich mit einem aufschlussreichen Vergleich erläutern, den Frege bereits in der *Begriffsschrift* bietet, und zwar

> mit der Verdichtung […], mittels derer es gelungen ist, die dem kindlichen Bewusstsein als Nichts erscheinende Luft in eine sichtbare tropfenbildende Flüssigkeit zu verwandeln.[24]

Ohne das Instrumentarium der *Begriffsschrift* mag die Logik demnach als inhaltsleer erscheinen. Der gesuchte Inhalt ist dennoch in ihr schon enthalten, wenn auch in nicht leicht erkennbarer Form. Er lässt sich jedoch nach bestimmten Gesetzmäßigkeiten so darstellen, dass er leichter fassbar wird.

Aus dem scheinbaren inhaltlichen Nichts der Logik können dann, so Frege, die inhaltlichen Grundgesetze der Arithmetik abgeleitet werden. Dafür stellt die *Begriffsschrift* gleichsam den geeigneten Kondensationsapparat.

Einen zugleich zentralen und schwierigen Status hat bei dieser experimentellen Anordnung das »Grundgesetz der Werthverläufe«.[25] Es lautet umgangssprachlich gefasst:

> Der Wertverlauf zweier Funktionen ist genau dann derselbe, wenn jedes Argument bei seiner Einsetzung in beide Funktionen jeweils denselben Wert ergibt.

24 *BS*, § 23.
25 *GG* I, S. VII, S. 60.

»Wertverlauf« steht dabei für die Klasse aller Gegenstände, die Werte der jeweiligen Funktion sein können. Ein Wertverlauf ist Frege zufolge selbst ein Gegenstand, der die entsprechende Funktion oder den entsprechenden Begriff repräsentieren kann und es so erlaubt, etwas indirekt über den Begriff auszusagen.

Die bedeutende »grundsätzliche Wichtigkeit«[26] dieses Gesetzes beruht für Frege daher darauf, dass sich Zahlen somit begrifflich zumindest indirekt fassen lassen, nämlich als Klassen gleichmächtiger Wertverläufe. Denn der Umfang eines Begriffs (die Klasse der Gegenstände, die unter ihn fallen) stellt zugleich auch der Wertverlauf desselben als Funktion verstandenen Begriffs dar. Das Grundgesetz der Wertverläufe ist daher das entscheidende Brückengesetz zur Reduktion der Arithmetik auf die Logik. Frege bemerkt zwar, dass jenes Gesetz in der Logik bislang nicht ausdrücklich bekannt ist, meint aber, es sei bereits stillschweigend befolgt worden. Bemerkenswerterweise stellt er fest, dass sein Projekt mit diesem Prinzip steht und fällt und dass ihm ernsthafte Kritik willkommener ist als oberflächliches Lob.[27]

Diese Kritik ereilte Frege, während er die Arbeiten zum zweiten Band der *GGA* abschloss. Der englische Philosoph Bertrand Russell (1872–1970) fragt in einem Brief, wie es um die Klasse aller Klassen steht, die sich nicht selbst enthalten. Frege zufolge muss es für jeden Gegenstand – also auch für jede Klasse, also auch für die Klasse der Klasse, die sich selbst nicht enthalten – entscheidbar sein, ob ein be-

26 Ebd. S. X.
27 *GG* I, S. XI.

stimmtes Prädikat – also auch das Prädikat des Sich-selbst-nicht-Enthaltens – auf ihn zutrifft oder nicht.

Dies führt aber zu einer gleich doppelten Paradoxie: Wenn die Klasse aller Klassen, die sich selbst nicht enthalten, sich selbst nicht enthält, dann enthält sie sich selbst, was einen Widerspruch darstellt. Und wenn die Klasse aller Klassen, die sich selbst nicht enthalten, sich selbst enthält, dann enthält sie sich selbst nicht.

Im Nachwort zum zweiten Band seiner *Grundgesetze der Arithmetik* (1903) macht Frege auf diesen Einwand aufmerksam[28] und unternimmt hier sowie in der Folge Verbesserungsversuche, von denen er selbst zu Recht nicht ganz überzeugt ist.[29] Später gibt er den Versuch, die Arithmetik aus der Logik abzuleiten, ausdrücklich auf.[30] Rückblickend sieht er sich von der Sprache betrogen: Der bestimmte Artikel in der Wendung »der Wertverlauf« habe nahegelegt, dass es sich hier um einen Gegenstand handeln müsse.[31]

Kurz: Freges großes Projekt ist damit also gescheitert. Dies sowie eine Reihe unglücklicher Umstände führen dazu, dass er für ein Jahrzehnt lang keinen eigenständigen Text mehr veröffentlicht.[32] Diese Pause beendet er erst wieder mit *Der Gedanke* in der erklärten Absicht, nunmehr die Ernte seines Lebens einzubringen.[33]

28 *GG* II, S. 253–265.
29 Vgl. Stuhlmann-Laeisz 2020, S. 129–158.
30 *NS*, S. 298.
31 Ebd., S. 288f.
32 Vgl. Wille 2020, vor allem Kap. 5.
33 *WB*, S. 45 (Brief an Hugo Dingler vom 17. 11. 1918).

III. Ansatz, Aufbau und Ergebnis von *Der Gedanke*

> Es wird vielleicht wenig Neues darin sein; aber doch vielleicht in neuer Weise gesagt und dadurch manchem verständlicher.[34]

Das bisher Ausgeführte wirft vielleicht ein wenig Licht darauf, welchen Ansatz Frege in *Der Gedanke* verfolgt, wie sich dieser Ansatz entfaltet und zu welchem Ergebnis er führt.

Eine naheliegende Annahme lautet: Frege will diejenigen seiner Einsichten bündeln, die den Zusammenbruch des Logizismus unbeschadet überdauert haben. Zu denken wäre hier – wie Frege selbst dies tut – an die Formalisierung der Logik sowie an die sprachphilosophische Unterscheidung zwischen Sinn und Bedeutung.[35]

Dies steht zwar im Hintergrund des neuen Ansatzes, ist aber nicht dessen ausdrückliche Thematik. Vielmehr legt Frege *Der Gedanke* so an, dass sich dieser Text auch ohne Kenntnis seiner Vorarbeiten lesen lässt. Deren Erträge – insbesondere die aus *Über Sinn und Bedeutung* bekannte Charakterisierung des Gedankens als des Sinnes eines Behauptungssatzes – führt er ohne die vorherigen Begründungen als Annahmen ein, die sich in der Folge zu bewähren haben, indem sie die Bearbeitung der verhandelten Problematik ermöglichen.[36] Wie aus dem Zitat hervorgeht, das

34 *BaW*, S. 18. Laut Kommentar kündigt Frege Ludwig Wittgenstein damit im September 1918 die Zusendung von *Ged* an (ebd., S. 31).

35 *NS*, S. 199.

36 In der Forschung wird kontrovers diskutiert, ob *Ged* im Denken Freges einen Neuansatz darstellt oder in Kontinuität zu älteren, im Nachlass aufgefundenen Entwürfen steht (vgl. Schlotter 2006, S. 50). Das gerade Ausgeführte mag zeigen, dass es sich hier nicht

diesen Abschnitt einleitet, möchte sich Frege dabei »in neuer Weise« ausdrücken und dadurch »manchem verständlicher« sein. Diesem Anspruch wird Frege mehr als gerecht: Er drückt sich hier auf eine allgemein zugängliche, keinerlei spezielle Vorkenntnisse beanspruchende, bildhaft kräftige und dabei stets bei der Sache bleibende Art und Weise aus.

Den Titel dieser Problematik nennt Frege im ersten Absatz gleich dreimal: Es geht um die »Gesetze des Wahrseins«.[37] Diese Wortwahl verweist auf die *Grundgesetze der Arithmetik* und grenzt sich zugleich von ihnen ab. Wie in den *Grundgesetzen der Arithmetik*, so geht es Frege auch in *Der Gedanke* darum, inhaltlich etwas aus der Gesetzmäßigkeit der reinen Logik zu gewinnen. War dies in *Grundgesetze der Arithmetik* die Grundgesetzlichkeit der Arithmetik, so handelt es sich nun um das Verständnis dessen, wovon wir sprechen, wenn wir die Ausdrücke »wahr« und »Wahrheit« gebrauchen. Wenn diese Ausdrücke sich nicht definieren, wohl aber durch Verweis auf einen ihnen besonders angemessenen Kontext erläutern lassen, der von einer besonderen Gesetzmäßigkeit geprägt ist, dann ist es, Verständnis durch die Betrachtung dessen gewinnen, was in diesem Kontext zuallererst als wahr gilt. Bei jenem Kontext handelt es sich um die Logik; die Gesetzmäßigkeit, die diese prägt, bezieht sich darauf, wie sich die Wahrheit bestimmter Umsetzungen bzw. Instanzen von der Wahrheit anderer Instanzen her rechtfertigen lässt; und für diese Instanzen schlägt Frege – nunmehr wenig überraschend – die Bezeichnung »Gedanken« vor.

um einander ausschließende Alternativen handelt, sondern beide Ansätze ihre jeweilige Berechtigung haben.

37 *Ged*, S. 5.8, 6.12.19 f. / 58.1.2–3, 59.8.13.

Dabei geht es zwar um *Gesetze*, aber nicht um *Grund*gesetze des Wahrseins: Denn die abgeleitete Rechtfertigung der Wahrheit von Gedanken, die in den entsprechenden Schlüssen als Konklusionen dienen, beruht auf der Wahrheit der Gedanken, die als Voraussetzungen bzw. Prämissen dienen. So kann die Wahrheit eventueller oberster Prämissen bzw. Gedanken zwar vorausgesetzt, aber ihrerseits nicht mehr durch eine Ableitung gerechtfertigt werden. Wir müssen an dieser Stelle, so Frege, auf diesem Weg bei einer Erläuterung des Verständnisses von Wahrheit stehenbleiben, ohne eine Definition erlangen zu können.

Was es dabei zu verstehen gilt, charakterisiert Frege eingangs im Rahmen eines mehrstufigen Vergleichs:

> Wie das Wort »schön« der Ästhetik und »gut« der Ethik, so weist »wahr« der Logik die Richtung. Zwar haben alle Wissenschaften Wahrheit als Ziel; aber die Logik beschäftigt sich noch in ganz anderer Weise mit ihr. Sie verhält sich zur Wahrheit etwa so, wie die Physik zur Schwere oder zur Wärme. Wahrheiten zu entdecken, ist Aufgabe aller Wissenschaften; der Logik kommt es zu, die Gesetze des Wahrseins zu erkennen. [...] In den Gesetzen des Wahrseins wird die Bedeutung des Wortes »wahr« entwickelt.[38]

Diese Vergleiche machen sich Unveränderlichkeiten (mathematisch gesprochen: Invarianzen) semantischer Art zunutze:[39]

38 Ebd., S. 5.2–9, 6.21 f. / 58.20–25, 59.14–15.

39 Zur Bedeutung des Denkens in Invarianzen, mit dem Frege als

Ästhetik, Ethik und Logik lassen sich hier jeweils als Disziplinen auffassen, die ihre Thematik auf ihrem jeweiligen Gebiet und über dies hinaus behandelt: Wer Schönes erschaffen oder erfahren möchte, ist auf die Ästhetik verwiesen, und zwar auch dann, wenn es sich um ein wissenschaftliches Werk mit ästhetischem Anspruch handelt; wer gut handeln will, hat sich an den Gesetzen der Ethik zu orientieren, und zwar auch in den Bereichen der Ästhetik oder Wissenschaft; und wer theoretische Wissenschaft betreiben möchte, aber auch, wem es in Ästhetik oder Ethik um logische Schlüssigkeit geht, ist auf die in der Logik verhandelten Gesetze des Wahrseins verwiesen.

Ferner lässt sich aus der gemeinsamen Ausrichtung »aller Wissenschaften« auf das Erkennen von Wahrheiten »die Bedeutung des Wortes ›wahr‹« entwickeln. Als Beispiele für Wissenschaften nennt Frege hier Logik und Physik, also Vertreterinnen der von ihm später so betitelten »strengen Wissenschaften«.[40] In diesen Wissenschaften geht es ausschließlich um Wahrheitserkenntnis. Deshalb sind diese für Frege nicht nur besonders strenge Wissenschaften, sondern auch und gerade Wissenschaften überhaupt in einem strengen Sinne.

Der zitierte Vergleich weist auf, welche Rolle die Logik gegenüber der Physik als einem Beispiel einer weiteren theoretischen Disziplin spielt: Wie Ästhetik und Ethik gehört Logik zu denjenigen Disziplinen, die nicht nur auf etwas ausgerichtet sind, sondern die diese Ausrichtung

Mathematiker vertraut war, für *Ged* vgl. Stuhlmann-Laeisz 1995, S. 42, 44–46, 49, 51 f., 54 f., 60, 66.

40 *Ged*, S. 14.30 / 63.25.

(auf das Schöne, Gute, und Wahre) auch ausdrücklich thematisieren und dabei jeweils eine gewisse Gesetzmäßigkeit zur Sprache bringen.

Mit welchem Typ von Gesetzmäßigkeit es die Logik zu tun hat, stellt Frege durch einen neuerlichen Vergleich heraus:[41] Ethische und juristische Bestimmungen besagen zwar, was geschehen soll, jedoch nicht, was faktisch geschieht; es ist also möglich, gegen diese Bestimmungen zu verstoßen. Oder anders ausgedrückt: Sie regulieren ihren Gegenstand, schaffen bzw. konstituieren ihn aber nicht. Die Gesetze der Logik sieht Frege demgegenüber eher verwandt mit Naturgesetzen, da sie nicht nur besagen, was im Allgemeinen geschehen soll, sondern auch, was im Allgemeinen geschieht; aus ihnen geht für ihn damit auch hervor, *was* es ist, das da geschieht.

Sind die Gesetze der Logik also Gesetze des Denkens als eines naturgesetzlich bestimmten seelischen Geschehens?[42] Dass Denken als Geschehen Naturgesetzen unterliegen mag und es die Psychologie als eine Wissenschaft gibt, die jene Gesetze erkundet, bestreitet Frege nicht, unterscheidet an dieser Stelle aber einerseits zwischen der Art und Weise, wie im Denken Erkenntnis zustande kommt, und andererseits deren Gerechtfertigtsein, das sich logischen Gesetzen verdankt.[43] Psychologische und logische Momente mögen, müssen dabei aber nicht unbedingt zusammenwirken. Damit ist ein prinzipieller Unterschied zwischen Naturgesetzen und den von Frege angepeilten

41 Ebd., S. 5.10.13 / 58.26–30.
42 Vgl. ebd., S. 5.14–23 / 58.33–59.6
43 Vgl. ebd., S. 6.10 f. / 59.10.

Gesetzen der Logik formuliert: Letztere bestimmen kein von Kausalität getragenes Geschehen, sondern ein zeitfreies Sein, genauer: das Wahrsein logisch gerechtfertigter Erkenntnisse. So kann die Kenntnis jener Gesetze auch zu einer angemessenen Kenntnis dessen führen, was es heißt, wahr zu sein.

Ist ein solcher Bezug zur Logik aber überhaupt notwendig? Lässt sich Wahrsein beziehungsweise Wahrheit als dessen Inbegriff nicht auch ohne einen solchen Bezug definieren? Eine solche Definition könnte die Bestandteile eines Begriffs von Wahrheit angeben, die für Eigenschaften dessen stehen, was unter diesen Begriff fällt.

Damit stellt sich die Frage, was das ist, das unter den Begriff der Wahrheit fällt, also von was das Wahrsein ausgesagt wird. Für die Rolle solcher Wahrheitsträger, wie man diese mittlerweile nennt, nennt Frege vier Kandidaten, die er jeweils paarweise abhandelt:

1. Bilder,
2. Vorstellungen,
3. Sätze sowie
4. Gedanken.[44]

Diese Kandidaten passen gut zu jenem Definitionsversuch, da sie einerseits aus der Umgangssprache vertraut sind, die wir bei dem Versuch verwenden, und andererseits auch an der »Erkenntnis der Wissenschaft«[45] beteiligt sein können.

Frege behandelt Bilder und Vorstellungen gemeinsam,[46]

44 Ebd., S. 7.11–10.5 / 59.28–61.5.
45 Ebd., S. 7.6 f. / 59.26.
46 Zum Folgenden vgl. Künne 2010, S. 393–410.

da für ihn Vorstellungen qualitative Gegenstände introspektiver Betrachtung, also konkrete bildhafte Inhalte in einem individuellen Bewusstsein, sind. In beiden Fällen bedeutet Wahrheit laut Frege gelungene Darstellungsabsicht. Dabei meint Darstellung wiederum die Übereinstimmung mit etwas, das im Normalfall selbst weder Bild noch Vorstellung ist.

Dies kann Frege zufolge jedoch nicht die Wahrheit im gesuchten Sinn sein: Denn im Wort »wahr« drückt sich keine Beziehung aus wie sie in Darstellung und Übereinstimmung bestehen müsste. Außerdem müsste die Übereinstimmung, die hier herrschen sollte, vollkommen und damit letzten Endes Identität sein, weil Wahrheit kein Mehr oder Weniger zulässt.

Diese Argumentation ist jedoch nicht zwingend:

Zum einen fällt Frege hier hinter seine eigene Einsicht zurück, dass logische und grammatische Form voneinander zu unterscheiden sind: Adjektive wie »verheiratet« oder »gestohlen«, die wie einfache Eigenschaftswörter aussehen, können durchaus für Relationen stehen.

Zum anderen ist »vollkommen« ein attributiver Ausdruck, dessen Bedeutung sich je nach Zusammenhang spezifiziert. Die hier geforderte vollkommene Übereinstimmung kann in einer gewissen Hinsicht bestehen und muss nicht völlige Übereinstimmung in jeder Hinsicht, also Identität, sein.

In seinem Bestreben, Bilder und vor allem Vorstellungen als Wahrheitsträger auszuschalten, schüttet Frege also, bildhaft ausgedrückt, das ungeliebte Kind der Vorstellung mit dem gesamten Bad der Übereinstimmungs- oder Korrespondenztheorien der Wahrheit aus. Um die Definierbarkeit von Wahrheit völlig auszuschließen, will er außerdem – um im Bild zu bleiben – den gesamten Badebetrieb der Wahrheitstheorien zum Erliegen bringen, und zwar mit einer Begründung, die den Namen »Freges Tretmühle« erhalten hat: Jede Wahrheitstheorie müsste wiederum den Erweis ihres Wahrseins erbringen und damit in einen unendlichen Regress führen (den Frege etwas nachlässig als Zirkel bezeichnet; ein unendlicher Regress läuft jedoch, im Unterschied zu einem Zirkel, nie in sich selbst zurück, sondern erreicht immer neue Punkte, ohne an ein Ende zu gelangen). Doch ist auch der Regressvorwurf nicht zwingend, da nicht jeder Nachweis dafür, dass sich etwas so oder so verhält, explizit zugleich auch ein Nachweis dafür sein muss, dass es wahr ist, dass es sich so oder so verhält.

Freges Argumentation ist jedoch plausibel als Einwand gegen die Annahme, jede Wahrheitstheorie, wie jedes Gefüge von Gedanken überhaupt, sei eine Menge von Vorstellungen, da in diesem Fall die Beziehung jeder Vorstellung zu dem, von dem sie Vorstellung ist, in der Tat wiederum geklärt werden müsste.

Wenn im Zusammenhang mit Bildern oder Vorstellungen überhaupt von Wahrheit die Rede ist, dann beruht dies Frege zufolge jedenfalls nicht auf einer Übereinstimmung jener Instanzen mit etwas anderem, sondern wird »wohl missbräuchlich«[47] auf sie von etwas anderem übertragen: von einem wahren Satz, der die gelungene Darstellung behauptet.

Damit sind wir beim zweiten Paar der Ausscheidungskandidaten, bei Sätzen und Gedanken angelangt. Unter

47 *Ged*, S. 9.12 f. / 60.31.

Sätzen wie unter sprachlichen Zeichen allgemein versteht Frege konkrete, in Raum und Zeit lokalisierte Einzelfälle, d. h. nach heutiger Sprechweise *token*.[48] Frege setzt voraus, dass kein solches konkretes Einzelding dasjenige sein kann, dem wir zuallererst Wahrheit oder Falschheit zuschreiben, also in moderner Ausdrucksweise: Es kann kein Wahrheitsträger sein. Dabei sieht er sich vom üblichen Sprachgebrauch bestätigt, der – ebenso wie im Fall von Klängen oder Farben – noch einen zusätzlichen, von diesen prinzipiell verschiedenen Faktor voraussetzt, um etwas als wahr oder falsch bezeichnen zu können.[49] Wahrheitsträger, so folgert Frege, müssen daher »unsinnlich«, also nicht wahrnehmbar und zumindest in dieser Hinsicht abstrakt sein.[50]

Damit scheiden Sätze als primäre Wahrheitsträger aus. Den zusätzlichen Faktor, der demnach bei Sätzen ins Spiel kommen muss, damit sie als wahr oder falsch gelten können, nennt Frege ohne weiteres deren »Sinn«. Und diesen Sinn setzt er wiederum mit dem Gedanken gleich, der aus jenem Ausscheidungsverfahren ohnehin schon wegen der Disqualifikation der Mitbewerber als Sieger hervorgegangen ist.

Über dieses eher negative und als Setzung vorgebrachte Ergebnis hinaus erlauben Freges Überlegungen bereits, den Gedanken näher zu bestimmen. Denn Frege schreibt dem Gedanken zwei Paare von Charakteristika je unterschiedlichen Typs zu – zwei, die der Gedanke an sich hat, und zwei,

48 Vgl. Held 2005, S. 27–39.
49 Vgl. *Ged*, S. 7.13–15 / 59.33–34.
50 Ebd., S. 10.6–9 / 61.6–8.

die er in Beziehung zu anderen Instanzen, also relativ, aufweist.

An sich hat sich der Gedanke, wie gesehen, als abstrakt und als Wahrheitsträger erwiesen.

Die *Abstraktheit* von Gedanken betont Frege nochmals, indem er darauf hinweist, dass sie sich mit konkreten Bedingungen, unter denen Wahrheit erkannt werden kann, zugleich verträgt und von ihnen unterscheidet.[51]

Als *Wahrheitsträger* zerfallen Gedanken in zwei Klassen, nämlich in die Klasse der wahren und in die Klasse der falschen Gedanken.[52] Einem Gedanken Wahrheit oder Falschheit zuzusprechen, besagt über den Gedanken nichts Inhaltliches, daher zögert Frege, hier von der Prädikation einer Eigenschaft zu sprechen und behält diese Ausdrucksweise nur als Notbehelf bei.[53]

Verwendet man eine neuere Begrifflichkeit der Linguistik, könnte man sagen: Es handelt sich hier nicht um Prädikation, sondern um eine Spezifikation. Gedanken lassen sich im Sinne jener Klasseneinteilung als wahr oder falsch spezifizieren. Dabei ginge es dann schlicht um diese Einteilung, nicht aber um eine Eigenschaft der Gedanken noch um das Wahrheitsverständnis.

Die von Frege benannten *relativen* Charakteristika des Gedankens bestehen darin, dass der Gedanke sich fassen lässt und dass er sich durch einen Satz – wie Frege unmittelbar im Anschluss konkretisiert: durch einen Behauptungssatz – ausdrücken lässt.[54]

51 Ebd., S. 10.9–11.6 / 61.6–21.
52 Ebd., S. 9 mit Anm. 1 / 61.
53 Ebd., S. 11.7–26 / S. 61.22–62.2.
54 *Ged.*, S. 10.3–5 / 61.1–5.

Für »uns«, also menschliche, endliche, auf Wahrnehmung angewiesene Wesen, sind diese beiden Charakteristika miteinander verschränkt, insofern der Gedanke dank seines sprachlichen Ausdrucks von uns besser erfasst werden kann.

Dies schließt nicht die von Frege an einer parallelen Stelle angedeutete Möglichkeit von Wesen aus, die Gedanken ohne Umweg über die Sprache fassen können.[55] Der Komparativ »besser« lässt es sogar offen, dass auch uns zumindest gelegentlich Gedanken sprachfrei zugänglich sein könnten.

Damit hat sich der Ansatz von *Der Gedanke* entfaltet, indem Frege

(1.) Logik als Wissenschaft von den Gesetzen des Wahrseins (S. 5.2–6.22 / 58.20–59.15),
(2.) das Wahrheitsverständnis (S. 6.23–9.4 / 59.16–60.25) und
(3.) die Charakteristika von Gedanken (S. 9.5–11.16 / 60.26–62.2) angesprochen hat.

Der weitere Aufbau lässt sich so verstehen, dass Frege sich, zur näheren Bestimmung von Gedanken, an ihren beiden relativen Charakteristika ausrichtet, dabei mit dem für uns leichter Fasslichen beginnt,

(4.) Gedanken in ihrem Verhältnis zu Sätzen (S. 11.17–19.31 / 62.3–66.18) und im Anschluss daran
(5.) mit dem ontologischen und erkenntnistheoretischen Status die Frage behandelt, als was und wie wir Gedanken »erfassen« (S. 21.1–42.10 / 66.19–77.29).

55 *NS*, S. 288.

Das Verhältnis von Gedanken zu Sätzen grenzt Frege auf Behauptungssätze (»Das ist so!«) und die auf sie abzielenden Satzfragen (»Ist das so?«) ein. Dabei gilt ihm das Phänomen der Satzfragen, die einen Gedanken ausdrücken, ohne ihn zu behaupten, als Beleg dafür, dass sich an Behauptungssätzen zwei Komponenten unterscheiden lassen:

1. der Inhalt, der mit dem Gedanken zusammenhängt oder identisch ist, und
2. die Behauptung, die vom Gedanken zu unterscheiden ist.

An dieser Stelle begegnen ohne jede Formalisierung die Aspekte wieder, die Freges *Begriffsschrift* mit Hilfe von Urteilsstrich und Behauptungsstrich ausdrückt (s. hier S. 60 f.). An die Stelle des Behauptungsstrichs tritt nun jedoch die Angabe einer Einstellung, nämlich diejenige der ernsten Haltung, der es um Wahrheit oder Falschheit des Gesagten geht. Diese hebt sich, so Frege, von einer rein spielerischen Einstellung ab, die für Fiktion maßgeblich ist. Nur in jener ernsten Einstellung ergibt sich die »behauptende Kraft« eines Behauptungssatzes.

Dies gestattet es Frege an einer berühmten Stelle, zwischen dem Denken als »Fassen des Gedankens«, dem Urteilen als »Anerkennung der Wahrheit eines Gedankens« und dem Behaupten als »Kundgebung dieses Urteils« zu unterscheiden, ja diese Instanzen als drei abzählbare Elemente nebeneinanderzustellen.[56]

An diesem Ergebnis fällt zweierlei auf:

Zum einen verhalten sich jene Instanzen zueinander auf eine Weise, die ihre Abzählbarkeit als problematisch er-

56 *Ged*, S. 13.6–9 / 62.27–29.

scheinen lässt: Ist Urteilen nicht wie Fragen auch eine bestimmte Weise, einen Gedanken zu fassen – und muss dem die entsprechende Frage vorhergehen?

Es scheint, als habe sich Frege hier einseitig an der in der Mathematik üblichen Vorgehensweisen orientiert, von einer zunächst fraglichen Annahme zu einem bewiesenen Satz zu gelangen.[57] Einen Gedanken zu fassen und seine Wahrheit anzuerkennen verhalten sich zueinander wie Gattung und Art, Urteilen und Kundgebung verhalten sich dagegen wie Grund und Folge zueinander. Die hier gebotene Aufzählung ist daher mit Vorsicht zu genießen.

Zum anderen setzt Frege die Rolle der Sprache hier rein instrumentell an. Dies passt gut zu den folgenden Ausführungen, in denen er den ja bereits feststehenden Unterschied zwischen der vom Behauptungssatz vertretenen Sprache und dem Gedanken noch einmal betont, indem er zeigt, dass beide jeweils einander ausschließende, exklusive Eigentümlichkeiten aufweisen:

Beim Behauptungssatz tritt neben die behauptende Kraft für Frege etwas, das »Stimmung, Duft, Beleuchtung« genannt werden kann, »was durch Tonfall und Rhythmus gemalt wird«.[58] Diese qualitativ-emotionalen Elemente, die sich gelegentlich mit den Nebenbedeutungen bzw. Begleitvorstellungen oder Konnotationen von Synonymen verbinden, haben mit dem Gedanken und damit in der ernsten Einstellung mit der Frage nach der Wahrheit nichts zu tun. Hier gelangt Frege zugleich zum Ansatz einer Wissenschaftstheorie, die den Grad der wissenschaftlichen

57 Held 2005, S. 215 f.
58 *Ged*, S. 15.21–24 / 63.40–42.

Ausrichtung an der Wahrheitsfrage an der mehr oder weniger gegebenen Abwesenheit solcher Elemente bemisst und daher Naturwissenschaften gegenüber den Geisteswissenschaften Vorrang einräumt.[59]

Zum Sondergut der Sprache zählt Frege überdies indexikalische Ausdrücke wie »noch« und »schon« sowie grammatische Formen, die sich unter Beibehaltung des Inhalts ändern lassen.[60]

Dass umgekehrt Gedanken mächtiger sein können als die ihrem Ausdruck dienenden Behauptungssätze, zeigt sich für Frege an folgenden Phänomenen: Diese Sätze legen ihm zufolge nicht alleine fest, ob ein Präsens in ihnen überzeitlich gebraucht wird oder nicht. Außerdem geht aus ihnen auch nicht hervor, worauf sich die in ihnen gebrauchten Personalpronomina und Eigennamen beziehen. Um dies zu ermitteln, sind jeweils außersprachliche Umstände heranzuziehen, etwa Zeit und Ort der Äußerung, die Kenntnis der Personen von den Eigenschaften, aus denen sich – im Rahmen des von Frege vorausgesetzten Deskriptivismus – die Bedeutung von Pronomen oder Namen ergibt, bis hin zu einer speziellen Weise des je eigenen Gegebenseins im Umgang mit dem Wort »ich«.[61]

An dieser Unterscheidung zeigt sich indirekt, wie besonders und gegenüber der Sprache fremdartig die so verstandenen Gedanken sind: Sie sind als solche mit keiner Behauptung oder Leugnung ihres Wahrseins verbunden; sie

59 Ebd., S. 14.26–28 / 63.23–26.

60 Ebd., S. 15.25–16.22 / 64.1–20.

61 Zu der reichhaltigen sprachphilosophischen und semantischen Diskussion, die Frege dadurch angeregt hat, vgl. Stuhlmann-Laeisz 1995, S. 76–79; Künne 2010, S. 444–486.

können Ort, Zeit und Personen, aber auf eine nicht-indexikalische und auch nicht mit einer besonderen subjektiven Perspektive verbundene Weise zum Inhalt haben – denn sonst würden sie dieselben Probleme aufwerfen, die Frege mit Behauptungssätzen verbindet.

Angesichts dessen stellt sich die Frage, wie Gewissheit darüber herrschen könnte, dass mit demselben sprachlichen Ausdruck jeweils derselbe Gedanke verbunden ist. Und dies führt zur Betrachtung der Gedanken in ihrem ontologischen und erkenntnistheoretischen Status.[62] Im Rahmen dieser Betrachtung unterscheidet Frege zwischen Instanzen, die jeweils einem eigenen Bereich (oder nach seiner Diktion: ein eigenes »Reich«) zuzuordnen sind: die konkreten wahrnehmbaren Gegenstände der Außenwelt; die ebenfalls konkreten, qualitativen, aber selbst nicht wahrnehmbaren Vorstellungen, die nebst anderen mentalen Entitäten einer introspektiv zugänglichen Innenwelt angehören und von deren Trägern abhängig sind; und schließlich die Gedanken, die wie die Gegenstände der Außenwelt von einem Träger unabhängig vorliegen – in einem »dritten Reich«,[63] wie Frege, aus heutiger Sicht denkbar ungünstig, sagt –, auch wenn sich dessen Angehörige wie die Inhalte der Innenwelt nicht wahrnehmen lassen und auch nicht der Zeit unterworfen sind. Nicht die Gegenstände der Außenwelt, sondern Gedanken sind es bei näherem Hinsehen, so Frege, die wir zuallererst als von unserem eigenen mentalen Innenleben unabhängig erfassen und die uns dadurch die Annahme auch einer von uns unabhängigen Außen-

62 Ebd., S. 20.15–17 / 66.19–20.
63 Ebd., S. 26.8 / 69.21.

welt einschließlich der in ihnen vorkommenden Personen ermöglichen. Nur indem wir – sozusagen auf eigenes Risiko – bestimmte Gedanken als wahr anerkennen und damit als Tatsachen feststellen, können wir uns daher Frege zufolge eine Umwelt ›erobern‹.[64]

Diesem Schritt steht eine Position entgegen, die Frege andernorts »erkenntnistheoretischen Idealismus«[65] nennt und die ausschließlich Gegenstände der Innenwelt als Erkenntnisgegenstände gelten lässt. Für Frege werden auf diese Weise Institutionen wie »Geschichtswissenschaft«, »Pflichtenlehre«, »Recht«, »Religion« und »Naturwissenschaften« bedroht, was für ihn einen hinreichenden Ablehnungsgrund darstellt.[66] Hinter dieser Ablehnung steht offenbar folgender Gedankengang:

(i) Die Institution *I* setzt das Anerkennen einer unabhängigen Außenwelt voraus.
(ii) Der erkenntnistheoretische Idealismus verhindert das Anerkennen einer unabhängigen Außenwelt.
(iii) Also ist der erkenntnistheoretische Idealismus abzulehnen.

Wir haben es hier schlimmstenfalls mit einem *argumentum ad hominem* zu tun (also einem Argument, das eine bestimmte Behauptung unter Hinweis auf ihre positiven oder negativen Konsequenzen, nicht aber auf logische

64 Ebd., S. 34.11 f. /73.28.

65 *NS*, S. 141. Da *Ged* in einer Zeitschrift des Titels *Beiträge zur Philosophie des Deutschen Idealismus* erschien, war es klug, jene Bezeichnung darin nicht zu verwenden. Dass es aber auch hier um dieses Thema ging, zeigt sich in der parallel dazu laufenden Debatte zwischen Frege und Wittgenstein (vgl. *BaW*, S. 24).

66 *Ged*, S. 35.3–8 / 74.2–5.

Schlüssigkeit zum Inhalt hat), das jeden, der Interesse am Bestehen einer bestimmten Institution hat, dazu drängt, den erkenntnistheoretischen Idealismus abzulehnen.

Eine Vertreterin jener Strömung könnte sich aber auf mehrfache Weise verteidigen: entweder, indem sie – mit oder ohne Bedauern – das Scheitern der Institution in Kauf nimmt; oder indem sie (i) bestreitet und aufweist, wie sich die Institution auch ohne die Annahme einer unabhängigen Außenwelt betreiben lässt.[67] Wohlwollend betrachtet, zeigt Frege, wie hoch die damit verbundene Beweislast wäre; und er spricht deutlich an, was denen verloren geht, die diese Last auf sich nehmen: das Vertrauen zur Wissenschaft als einer Einrichtung, die nicht einfach etwas produziert, sondern sich dem »Entdecken von wahren Gedanken«[68] widmet – ein Verständnis, das Frege wohl auch heutigen Wissenschaftsleugnern und Verschwörungstheoretikern entgegenhalten würde.

Wer jene Beweislast nicht tragen will, sieht sich mit der Frage konfrontiert, wie sich das Erfassen von Gedanken als Entitäten eines Bereiches jenseits konkreter Gegenständlichkeit denken lässt. Bei deren Beantwortung dieser Frage spielt die subjektive Innenwelt, die Frege von der Sphäre der Gedanken abzugrenzen bemüht ist, nun doch eine wichtige Rolle:

Unter dem bislang bildhaft ausgedrückten »Fassen« von Gedanken versteht Frege einen »Vorgang in der Innenwelt eines Denkenden«, der vermittelt über das Wollen

67 Vgl. die analoge Diskussion einer Verteidigungsstrategie des eliminativen Materialismus in der Philosophie des Geistes bei Beckermann [3]2008, S. 286–290.

68 *Ged.*, S. 36.15 f. / 74.28.

auch Instanzen der Außenwelt in Bewegung setzen kann.[69] Dies kann wiederum zu »Beschleunigungen von Massen«[70] und, durch davon veranlasste »Gedankenmitteilung«, zu bedeutenden geschichtlichen Ereignissen führen.[71] Gedanken wirken auf diese Weise mittels derer, die sie erfassen, auf Innenwelt und Außenwelt, ohne sich dabei selbst zu verändern, und sind auf diese besondere Weise – reine Wirkung ohne Wechselwirkung – als wirklich zu erachten.[72]

Der Ertrag von *Der Gedanke* lautet demnach:

Logik als Wissenschaft von den Gesetzen des Wahrseins hat es zuallererst mit Gedanken als Wahrheitsträgern zu tun und kann von ihnen her verstanden werden, auch wenn sich Wahrheit als undefinierbar erweisen sollte. Frege vertritt also einen robusten logischen Realismus, der auch »Platonismus« genannt wird.[73]

Logik zeichnet sich demnach durch besondere Gegenstände, eben die Gedanken, aus. Was Gedanken sind, erschließt sich – zumindest für uns Menschen – aus der Untersuchung von Behauptungssätzen, die sich von der Frage nach der Wahrheit leiten lässt, sowie aus der Abgrenzung der Gedanken von den Dingen der Außenwelt und den Inhalten der subjektiven Innenwelt. Dabei stellt es sich heraus, dass Logik auch wichtigen Institutionen menschlichen Zusammenlebens über den wissenschaftlichen Bereich

69 *Ged*, S. 40.25–29 / 76.39–41.

70 Ebd., S. 41.2 f. / 77.2.

71 Ebd., S. 41.5–7 / 77.6–8.

72 Zu diesem Wirklichkeitsverständnis auch in seinem ideengeschichtlichen Kontext vgl. Künne 2020, S. 532–541.

73 Vgl. Morscher 2019, Kap. 1.

hinaus zugrunde liegt und uns die Erschließung unserer Umwelt und das Verständnis unserer Geschichte ermöglicht. Mag auch die Ableitung der Arithmetik aus der Logik gescheitert sein, so hat sich Logik doch – wenn wir diesem Gedankengang folgen – als eine Grundlagendisziplin von unschätzbarer Bedeutung erwiesen.

IV. Blick auf die Rezeptionsgeschichte

Zu sagen habe ich ja noch manches.[74]

Aber sollen wir jenem Gedankengang folgen? Dies wird zu einer der Leitfragen, an denen sich in der analytischen Philosophie, wie sie sich im Anschluss an Frege entwickelt, die Geister scheiden.

Dies betrifft sogar Frege selbst: An *Der Gedanke* schließt er zunächst entsprechend seinem Plan[75] weitere logische Untersuchungen an, mit denen er die Logik gleichsam von unten nach oben rekonstruiert – von ihren Gegenständen, den Gedanken, zu ihren Gesetzmäßigkeiten. Freges zweidimensional-linearer Notationsansatz in seiner *Begriffsschrift* lässt sich mit dem Jugendstil vergleichen, einer Kunstrichtung, die mit ausgefeilten Linienbezügen arbei-

74 Frege im April 1917, in einem Brief an den Kurator der Universität Jena, zit. nach: Dathe 2008, S. 40.

75 Damit folgt Frege einem Ratschlag, den er 1919 Wittgenstein gegeben hatte: anstelle einer größeren Schrift besser eine Reihe von kleineren, aufeinander aufbauenden Beiträgen zu veröffentlichen, deren erster – in Freges Fall *Ged* – grundlegend und zugleich von gewinnender Klarheit sein sollte (*BaW*, S. 23 f.).

tet.[76] Nun ist Frege gewissermaßen zum Pointilismus übergegangen, also zu einer Kunstrichtung, die Bilder in winzige Farbflächen bzw. Punkte aufteilt, die der Betrachter erst aus einiger Entfernung zu einem Gesamteindruck zusammensetzen kann.

Unmittelbar nach *Der Gedanke* behandelt er mit *Die Verneinung* (1919) die Negation, die er als internes und daher nicht überzubewertendes Element von Gedanken darstellt. Ein weiterer Beitrag über *Gedankengefüge* – Junktoren, dargestellt etwa mit Zeichen wie »v« für »oder«, die Teile von Sätzen oder Sätze miteinander verbinden, als Verbindungen zwischen Gedanken und Grundlage der Aussagenlogik – erscheint erst 1923, und *Logische Allgemeinheit*, ein Text über Allquantifikation, der zur Prädikatenlogik weiterleiten sollte, bleibt Fragment.

Ein Grund für diese Verzögerung lässt sich ebenfalls seinem Nachlass entnehmen: Frege hielt zwar an seinem logischen Realismus fest, zweifelte aber immer stärker daran, dass sich Gedanken im Medium der Sprache angemessen wiedergeben lassen können.[77] Neue Gewissheit wollte er nun aus einer sowohl von Wahrnehmung als auch sprachlicher Gedankenerfassung unabhängigen »geometrischen« Erkenntnisquelle innerer Anschauung gewinnen, konnte diesen Ansatz aber vor seinem Tod nicht mehr ausarbeiten.

Auch über sein Lebensende hinaus hatte sich Frege viel von der Weiterentwicklung seines Denkens durch Ludwig Wittgenstein (1889–1951) erhofft, mit dem er in engem

76 Diesen Vergleich zieht Scheier 1991, S. 32.
77 *NS*, S. 289 f.

Austausch stand. Doch ging Wittgenstein seine eigenen Wege, die man ihrerseits als kritische Auseinandersetzung mit Freges Gedankenkonzeption verstehen kann:[78]

In der auch als *Tractatus logico-philosophicus* bekannten *Logisch-Philosophischen Abhandlung* (1921) sieht Wittgenstein die Logik nicht *hinter*, sondern *in* der Sprache situiert. Die Sinnkomponente ist für ihn dabei kein Gegenstand, sondern eine Bedingung der Möglichkeit für Erkenntnis überhaupt. Aus Wittgensteins Sicht hat Frege auf fatale Weise solche Erkenntnis*bedingungen* mit Erkenntnis*gegenständen* verwechselt.[79] 1952 riet er sogar davon ab, *Der Gedanke* in den ersten Band mit ins Englische übertragenen Texten Freges aufzunehmen,[80] so dass dessen erste englische Übersetzung erst vier Jahre später erschien.[81]

Für den späteren Wittgenstein der *Philosophischen Untersuchungen* (1953) ist die Logik im Sinne Freges ohnehin nur als künstliches Konstrukt abgehoben vom sinnstiftenden Boden alltäglichen Sprachgebrauchs.[82]

Wittgensteins Rivale Karl Popper (1902–1994) bezieht sich im Rahmen seines Kritischen Rationalismus dagegen noch in den 1970er Jahren zustimmend auf Frege und nennt dessen Gedankensphäre »Welt 3«[83] In vielen Fällen sei es die beste Erklärung für viele Phänomene, ihre Gehalte anzuerkennen, allerdings – was Frege bestritten hätte – im

78 Vgl. Künne 2010, S. 45–54.
79 Vgl. Scheier 1991, S. 24.
80 Vgl. Künne 2010, S. 52.
81 Ebd., S. 53.
82 Vgl. ebd., S. 35. Die beiden genannten Werke Wittgensteins finden sich in Wittgenstein 1984.
83 Z. B. Popper 1973, S. 153–155. Vgl. Morscher 2019, Kap. V–VIII.

Einzelfall immer unter dem Vorbehalt, dass es Fälle geben könnte, die dies widerlegen. Für Popper gibt es in Bezug auf Gedanken also nicht nur Wirkung, sondern durchaus auch Wechselwirkung.

Mit der zunehmenden Rezeption Freges über einzelne Weiter-Denker hinaus[84] spaltet sich die analytische Szene in verschiedene Parteien in Bezug auf den Umgang mit Frege'schen Gedanken oder, wie es nun heißt, Propositionen:[85] Im Namen einer einfachen und ihrem eigenen Anspruch nach undogmatisch an den Erfahrungswissenschaften orientierten Ontologie lehnen die einen die Annahme eigenständig bestehender abstrakter Gegenstände ab und möchten lieber über konkrete Einstellungen oder Sätze reden, wie dies exemplarisch Willard van Orman Quine (1908–2000) tut.[86]

Einige Mutige halten an dem Erbe Freges fest, nicht ohne es zu modifizieren: Alonzo Church (1903–1995),[87] der dies sehr nachdrücklich tut, betont, dass die Annahme von Propositionen nicht schlichtweg im Hinblick auf deren ›an sich‹ bestehenden Charakteristika geschieht, sondern im Rahmen einer Theorie – freilich im Rahmen einer Theorie, die er für die bestmögliche Theorie für formale Wissenschaften wie Logik und Mathematik hält, sofern der Bezug zu abstrakten Gegenständen für diese Theorie unverzichtbar ist. So lässt sich dem naheliegenden Vorwurf begegnen, mit seiner Berufung auf die Charakteristika, die Gedanken ›an sich‹ aufweisen, sitze Frege dem »Mythos des Gegebe-

84 Vgl. Wille 2016.
85 Vgl. Künne [2]2007, Kap. 2 und 3.
86 Vgl. Hylton/Kemp 2023, § 5.2.
87 Vgl. Deutsch/Marshall 2023, § 3.5.

nen« auf,[88] also der irrigen Annahme, solche Charakteristika ließen sich außerhalb eines theoretischen – und damit schon nicht mehr auf ein bloßes An-sich bezogenen – Rahmen überhaupt tätigen. Im deutschsprachigen Raum wird solches Vorgehen gerne als vorkritisch angegriffen: Der Ansatz falle noch hinter Kant zurück.[89]

Diesseits jener Bruchlinien findet das zunehmendes Interesse, was bei Frege selbst eher Nebenprodukt seiner Beschäftigung mit Gedanken ist, nämlich seine Untersuchungen des Fiktionalen und der bildhaften Rede.[90]

v. Schlussbetrachtung: Die dritte Natur der Gedanken

Freges »Platonismus« in *Ged* weicht in (mindestens) einer Hinsicht auffallend von klassischen Vorbildern ab: Gedanken zu fassen bedeutet sowohl bei Platon[91] wie bei Aristoteles,[92] mit dem Gedachten zur Ruhe kommen.

Für Frege stellt das Fassen von Gedanken demgegenüber einen Akt der Beschleunigung dar, der vom seelischen Geschehen auf die Außenwelt übergreifen kann.

Dies mag in der Endphase eines Weltkriegs ebenso na-

88 Vgl. Sellars 1999, dem sich seelische Innenwelt und Propositionen gleichermaßen als mythische Größen darstellen (v. a. S. 79 f.).
89 Eine solche Kritik am Realismus Nicolai Hartmanns, die sich leicht auf Frege übertragen ließe, findet sich bei Liebrucks 1968, S. 6–24.
90 Vgl. die Beiträge in Bengston 2018 sowie Gabriel 2023.
91 Vgl. *Theaitetos*, 184 d.
92 Vgl. *Physik* VII 3, 247 b4–5.

heliegen wie im Zeitalter einer *technoscience*,[93] deren Bestätigung in technischen Machtdemonstrationen liegt. Mit deren Hilfe hat die Menschheit im Zuge einer ›Großen Beschleunigung‹ ihre Umwelt inzwischen nicht nur ›erobert‹, sondern grundlegend umgeformt und dabei destabilisiert. Dies scheint die Rede von einem Anthropozän als neuem geologischen Zeitalter zu rechtfertigen.[94] In der Umweltkrise dieses Zeitalters zeigt sich allerdings auch, dass unsere Zivilisation an eben den Beschleunigungsprozessen zu scheitern droht, auf denen sie beruht und die mit der Verödung der Außenwelt auch unsere seelische Innenwelt beeinträchtigen.[95] Haben wir uns – auch mit Frege – in eine Ecke gedacht?

Ein Kontrapunkt lässt sich hier mit Saul Kripke (1940–2022) setzen.[96] Gegen den Deskriptivismus auch bei Frege sieht Kripke Namen nicht als verkappte Kennzeichnungen, sondern als starre Bezeichnungsausdrücke. Mit diesen Ausdrücken beziehen wir uns zunächst – manchmal anhand von Oberflächenmerkmalen – auf bestimmte Phänomene, um sie anschließend erforschen zu können.

Kripke wendet dies auch auf natürliche Arten und damit den klassischen Bereich der ›ersten Natur‹ an, dem, was uns exemplarisch in der Tier- und Pflanzenwelt eigenwüchsig entgegentritt. Wenn Freges Charakterisierung von Gedan-

93 Vgl. Nordmann 2011.
94 Vgl. McNeill/Engelke 2015. Zur Beschleunigung als weltveränderndem Motiv abendländischen Denkens insgesamt vgl. Sloterdijk 1989 und zur resultierenden Industrialisierung jenes Denkens als Herausforderung Voigt 2024, Kap. 1.5.4.
95 Vgl. Friedrich/Rathmann/Voigt 2024.
96 Vgl. Kripke 1981; Kripke 2014.

ken haltbar ist, dann stellen sie gleichsam – nach der ›zweiten Natur‹ der kulturellen Institutionen – eine ›dritte Natur‹ dar, die wir mit Hilfe logischer Analyse erforschen können, indem wir von zunächst bekannten oder angenommenen Charakteristika wie des Wahrseins und der Ausdrückbarkeit ausgehen, ohne gleich auf beschleunigende Außenwirkungen aus zu sein. Um eine Umwelt, die direkt und indirekt von menschlichen Vorstellungen geprägt ist, nicht noch weiter zu erobern, sondern zu verstehen und zu bewahren, könnten dabei gerade die sich in ihrem Umweltbezug als »Environmental Humanities«[97] neu entdeckenden Geisteswissenschaften ›strenge‹ Orientierung bieten.

Freges Gedanken eigenständig-kritisch nachzudenken mag allein noch keinen Weg aus der Krise zeigen, könnte wohl aber einer der Wege sein, die wir in dieser Krise noch gehen können, ohne sie weiter zu eskalieren. Das Andenken dessen, das sich gerade im Rahmen einer logischen Untersuchung so denken lässt, dass es unserer Macht entzogen ist,[98] könnte einen Beitrag zu der gebotenen Versöhnung von aktiver Gestaltung und sich in sie hineinversetzender, kontemplativer Gelassenheit[99] gegenüber der Umwelt darstellen.[100]

97 Vgl. Zapf/Schmidt 2021.
98 Vgl. *Ged*, S. 41.26 f. / 77.18–19.
99 Vgl. McGrath 2019, S. 11.
100 Der Herausgeber dankt seiner Familie für alle nur denkbare Unterstützung und Inspiration. Dem Augsburger Lehrstuhlteam ist für wertvolle Zuarbeit zu danken.

Zum Autor

Friedrich Ludwig Gottlob Frege kam am 8. November 1848 in Wismar zur Welt. Von 1869 bis 1871 in Jena und von 1871 bis 1873 in Göttingen widmete er sich dem Studium der Mathematik, Physik, Chemie und auch der Philosophie, in der er allerdings nur einige wenige Vorlesungen besuchte. Seine Qualifikationsschriften im Fach Mathematik wiesen Frege als eigenständigen Denker mit Hang zum Grundsätzlichen und mit hohem Arbeitsethos aus. Seinen von bahnbrechenden Leistungen ebenso wie von krisenhaften Brüchen gezeichneten intellektuellen Werdegang skizziert Abschnitt II des Nachworts zu dieser Ausgabe (S. 56).

Zeit seines Berufslebens war Frege am Mathematischen Institut der Universität Jena tätig. Ein eigener Lehrstuhl blieb ihm jedoch versagt. Nachdem 1918 seine Lehrverpflichtung endete, kehrte Frege in seine Heimat zurück. Sein Lebensabend war gezeichnet von äußeren Missständen, gefühlter Wirkungslosigkeit und der Einsicht, sein Werk nicht abschließen zu können.

Unter diesen Umständen neigte Frege für seine Zeit nicht ganz untypischen extremen, auch antisemitischen Ansichten, die sich in seinem Tagebuch niederschlugen. Dessen Entdeckung nach seinem Tode passt nicht zum gut etablierten Bild Freges als klarem, im persönlichen Umgang liebenswürdigem Denker. Zwar pflegte er nicht allzu viele Fachkontakte und ging lieber mit seinem kleinen Hund wandern, als an Tagungen teilzunehmen; doch wirkte er im persönlichen Umgang einnehmend dank trockener Herzlichkeit und vorbehaltloser intellektueller Redlichkeit und fand die Anerkennung bedeutender Denker wie Bertrand Russell und Ludwig Wittgenstein.

Dennoch bekam Frege in den Fächern, deren Grundlagenforschung ihm am Herzen lagen, also in der Mathematik und der Philosophie, nicht die von ihm erhoffte Resonanz. Keines Nachrufs gewürdigt und in den Jahrzehnten nach seinem Tod am 26. Mai 1925 in Bad Kleinen nahezu vergessen, gilt Frege auch nach der Wiederentdeckung durch Günter Patzig (1926–2018) heute als bedeutender Philosoph, auf dem die moderne Logik und Sprachphilosophie aufbauen und der mit Schriften wie *Der Gedanke* nachhaltend ertragreiche Diskussionen angeregt hat.

Inhalt